Soledades

Letras Hispánicas

Luis de Góngora

Soledades

Edición de John Beverley

QUINTA EDICION

CATEDRA

LETRAS HISPANICAS

Cubierta: J. P. Gowi, *La caída de Ícaro*
Museo del Prado (Madrid)

© Ediciones Cátedra, S. A., 1987
Don Ramón de la Cruz, 67. 28001 Madrid
Depósito legal: M. 20.907-1987
ISBN: 84-376-0199-1
Printed in Spain
Impreso en Anzos, S. A. - Fuenlabrada (Madrid)

Índice

A la memoria de Walter Benjamin y Ernesto Guevara, dos que murieron en la frontera.

Preliminar

¿Por qué una nueva versión de las *Soledades?*

«Las obras maestras tienen una fecha», nos quiso recordar el historiador Pierre Vilar al escribir «El tiempo del *Quijote*». También las ediciones de ellas. Solemos conocer las *Soledades* a través de la versión establecida por Dámaso Alonso en 1927, versión que ha servido como base de cuantas ediciones modernas del poema conozco y que ha logrado así la apariencia de ser *definitiva.* Sin embargo, ni es definitiva, ni fue ésta la intención de Alonso al crearla. Representa más bien una *modernización* del texto original, que se encuentra en las distintas ediciones o manuscritos barrocos, con el fin de facilitar su divulgación y lectura en la ocasión del centenario del poeta. En particular:

1. Divide el poema en una serie de pseudoestrofas —Alonso los llama «párrafos»— que coinciden generalmente con los períodos sintácticos completos e indudablemente ayudan a la lectura. Sin embargo, no hay la menor indicación de que representen una construcción estrófica intencionada del poeta mismo.

2. Moderniza sistemáticamente la puntuación de las versiones barrocas, a veces hasta llegar a cambiar el sentido sintáctico. Por ejemplo, en el verso 9 de la *Soledad primera,* donde las versiones barrocas suelen tener *náufrago, y desdeñado sobre ausente,* Alonso ofrece *náufrago y desdeñado, sobre ausente*. Una diferencia menor, pero palpable; y abundan en su versión cambios similares.

9

3. Moderniza y regulariza la ortografía y acentuación del texto, suprimiendo anacronismos y/o convenciones típicas del discurso escrito en el siglo XVII, como, por ejemplo, el uso de mayúsculas para ciertas categorías de sustantivos, que da así una cierta resonancia alegórica («Sol» en vez de «sol», «Ninfas» en vez de «ninfas», «púrpura Tiria» en vez de «púrpura tiria», etc.).

Es el viejo problema de Bach tocado en pianoforte y con ademanes románticos. Lo que a los lectores de 1927 les podía haber parecido clarificación de una estructura lingüística antigua y de dificilísima construcción nos puede parecer tan anacrónico hoy como las convenciones barrocas que suprime. Se trata, por supuesto, de pormenores; pero en una poesía tan cuidada, aun los pormenores pueden ser «significantes» en el sentido saussuriano. Lo que hay que subrayar en todo esto es que por más de cincuenta años se ha leído y comentado las *Soledades* en una versión que no pretende ser fiel en muchos detalles al estado en que Góngora dejó el texto de su poema, variantes del cual se pueden encontrar en las diversas ediciones barrocas que conocemos.

De estas versiones antiguas, la de más prestigio (tanto para Alonso como para los editores barrocos) se encuentra en el llamado manuscrito Chacón, reproducido íntegramente por Raymond Foulché-Delbosc en sus *Obras poéticas de Don Luis de Góngora,* II (Nueva York, 1921; reeditado en 1970). Se trata de una colección caligrafiada de la poesía mayor de Góngora, de gran lujo, sobre vitela, dedicada al Conde Duque de Olivares y destinada para su biblioteca particular, hecha, según Foulché-Delbosc, «por el cuidado de don Antonio Chacón Ponce de León, señor de Polvoranca, quien la hizo consultando constantemente con Góngora los textos, las fechas y la indicación de asuntos». Por tanto, hay razones para pensar que la versión de las *Soledades* incluida en esta colección es una versión hecha bajo la vigilancia del mismo poeta pocos años antes de su muerte, en 1627;

es decir, que es, hasta ahora, la versión barroca de más autoridad (por lo menos lo entendieron así comentaristas como Pellicer y Salcedo Coronel).

En la nueva versión de las *Soledades* que ofrezco aquí he conservado el español modernizado de la versión de Alonso, porque sería fastidiosa la ortografía del siglo XVII (aunque restauro las mayúsculas para ciertos sustantivos). En todo lo demás, salvo en algunos pormenores que obedecen a criterios personales *ad hoc,* me he servido del manuscrito Chacón. La diferencia principal con las *Soledades* de Alonso, entonces, viene a ser en la distribución estrófica del poema. Aunque los comentaristas barrocos dividían también el poema en «párrafos» para facilitar sus interpretaciones, Maurice Molho ha señalado acertadamente que «la division traditionelle des *Soledades* en stances inegales est artificielle. Si elle facilite la lecture, elle masque la nature vraie de la *silva,* dont le propre est d'etre une forme astrophique». Como hay una evidente congruencia significativa entre forma *(silva)* y materia poética *(soledad confusa)* en las *Soledades,* me pareció importante preservar —aun a riesgo de dificultar aún más la lectura— el efecto sobre el lector de estar en cierto modo «perdido» en una selva lingüística sin aparentes riberas, lo que Leo Spitzer designó *Satzlabyrinth* o laberinto de frases.

La solución más pura habría sido la de representar cada *soledad* como una unidad orgánica, sin ninguna división estrófica. (Molho: «la *soledad* ne se compose donc pas d'un ensemble de *silvas,* mais d'une *silva* unique».) Sin embargo, las *Soledades* no son absolutamente aestróficas. Cada *soledad,* sin duda, es una unidad poética en sí, una especie de estrofa mayor o meta-*silva;* pero en su desarrollo diacrónico también muestra cierta periodicidad, cierta «puntuación» estrófica (por ejemplo, en el juego alambicado de los esquemas de rima). El efecto es algo parecido a las redes —*fábrica escrupulosa, y aunque incierta, / siempre murada, pero siempre abierta*— que el peregrino descubre en la *Soledad segunda.* Por eso he conservado aquí, con una u otra excepción, la delimitación estrófica en el manuscrito Chacón, división que corresponde en general a las unidades narrativas principales del poema (comienzo y fin de una acción o episodio descriptivo, de un discurso intercalado, o del período del día —la unidad de tiempo constitutivo de la narración).

En resumen, he tratado de producir, como alternativa a la versión de Dámaso Alonso, una nueva versión popular de las *Soledades* que restaura ciertos elementos de la forma barroca del texto sin producir un efecto demasiado anacrónico.

Góngora habla francamente de su poesía como un *trabajo*, tanto por su parte como por parte del lector. De la oscuridad de la poesía de Ovidio observa que, tanto como en sus *Soledades*, «da causa a que, vacilando el entendimiento en fuerza del discurso, trabajándole (pues crece con cualquier acto de valor), alcance lo que así en la lectura superficial de sus versos no pudo entender». (Ver su «Carta en respuesta», reproducida aquí en el apéndice.) *Cifrar-descifrar:* dos procesos paralelos de creación y construcción. Evitar o suprimir las dificultades de las *Soledades,* tanto sintácticas como semánticas, sería diluir su gusto especial. Como Lorca solía decir, «a Góngora no hay que leerlo, sino estudiarlo».

Las notas que he añadido a esta nueva versión de las *Soledades* sirven simplemente (como en el caso de un crucigrama) para indicar brevemente soluciones a los rompecabezas que propone don Luis y para indicar algunas variantes o problemas textuales importantes. Para componerlas he tomado en cuenta y citado copiosamente las observaciones de José Pellicer en sus *Lecciones solemnes* (1630). Entre los comentaristas gongorinos, Pellicer peca por su excesiva y a veces absurda erudición, pero, quitando la nuez de la cáscara, sus soluciones me parecen más concisas y acertadas que las más cultas de Salcedo Coronel (en sus *«Soledades» comentadas* de 1636), o del mismo Dámaso Alonso en su famosa versión en prosa de 1927. Aparte de una versión temprana de la descripción del río en la *Soledad primera* (versos 194-211), que todo el mundo considera hoy mejor que la versión dada por

Chacón y las ediciones barrocas posteriores (aunque fue censurado en época de Góngora por Pedro de Valencia), los variantes al texto que conocemos no son muy importantes. O representan claramente detalles refundidos por Góngora mismo en su constante esfuerzo de pulir sus versos, o son errores atribuibles a los copistas. Se pueden estudiar en la excelente reconstrucción hecha por Alonso de *La primitiva versión de las «Soledades»,* incluida con su versión del texto.

Quiero expresar mi particular agradecimiento a Antonio Zahareas por la idea de esta edición y por su apoyo; a Berta Armacanqui y David Hildner por su traducción de unos materiales (originalmente publicados en inglés en la revista *Ideologies and Literature)* que sirvieron como base para mi estudio introductorio del poema; a Pam Isacco y Luciana Wlassics por su trabajo en preparar el manuscrito; a los estudiantes de mi seminario sobre las *Soledades* en la Universidad de Minnesota en la primavera de 1978 por su estímulo; y, finalmente, a Alberto y Jackie, Bridget y Ed, Ileana y Marc por su amistad.

Introducción

Los primeros manuscritos de las *Soledades* comienzan a ser discutidos en las tertulias literarias de la corte madrileña entre 1613 y 1618, años de la crisis decisiva del poderío español. Dan lugar rápidamente a una selva laberíntica de comentarios, ataques y defensas. El *gongorismo* o *culteranismo* florece en España y la Colonia como una manera poética enajenada de su problemática específica, imitada y criticada con igual superficialidad. Su influencia verdadera en la historia literaria procede como un río subterráneo, brotando a la superficie en Sor Juana, Mallarmé, Lorca y la Generación del 27, en esas «soledades» contemporáneas de Lezama Lima, Alejo Carpentier, Gabriel García Márquez o Juan Goytisolo. Nos hemos acostumbrado a ver a Góngora como precursor de lo moderno; pero su poesía es a la vez construida rigurosamente sobre la base de la tradición grecolatina y de sus derivaciones en el Renacimiento europeo; es decir, algo anacrónico, como la novela pastoril o bizantina, «pasado de moda», la ruina de un narcisismo arqueológico.

La defensa de las *Soledades* (por Espinosa Medrano en el siglo XVII, por la Generación del veintisiete y el formalismo crítico en nuestro siglo) fue hecha en nombre de lo que Dámaso Alonso llamó «un puro placer de formas», es decir, de una poesía para poetas. Pero Góngora era el poeta preferido de Cervantes, que no era un escritor dado al «puro placer de formas». Las *Soledades* aparecen en el mismo momento que la Segunda Parte del *Quijote*. Comparten con ella la tarea de representar una realidad nacional e histórica que de repente, como el caballero andante de Cervantes o el peregrino de Góngora, ha perdido su rumbo, ha vuelto (en palabra de Gracián) a un *mundo trabucado*.

1. *Góngora y España*

> Se puede decir que la carrera de Góngora es ejemplar, puesto que sigue la misma curva descendiente de toda la monarquía española durante el mismo período.
>
> Robert Jammes

No ha sido casual que Dámaso Alonso haya encontrado necesario recurrir en su estudio inicial del lenguaje poético de Góngora a los conceptos desarrollados por Saussure en su lingüística estructural. La naturaleza del lenguaje, había sugerido Saussure, implica una reciprocidad entre dos términos: el significante y el significado, el hablante y el oyente, la intención y el entendimiento, la regla del lenguaje y el empleo del mismo. El ataque a las *Soledades* en el siglo XVII se dirigió contra la desviación de las normas aceptadas de significación poética. Se aseveraba, en efecto, que el lenguaje había dejado de significar en las *Soledades,* que Góngora había incurrido en el pecado de Babel. Recientemente, Maurice Molho ha observado: «Conviene leer las *Soledades* como un intento de reconstruir el lenguaje —un lenguaje— partiendo del lenguaje y de las relaciones en las que aquél se funda»[1].

Por otra parte, el problema de un lenguaje posible en las *Soledades* no se restringe al campo lingüístico. El len-

---

[1] Maurice Molho, *Sémantique et poétique: a propos des «Solitudes» de Góngora,* Burdeos, 1969, pág. 13. (Traducción del francés de DJH.) La tesis de Dámaso Alonso se publicó bajo el título de *La lengua poética de Góngora,* Madrid, 1935.

guaje de Góngora, como todo lenguaje, es un acto de comunicación que presupone la urgencia social de comunicar un mensaje. En términos de una metáfora saussuriana, las *Soledades* componen no sólo una lengua *(langue)*, como si tuvieran la función de integrar un sistema formal autónomo y autosuficiente, sino también un habla *(parole)*, una manera de ser y actuar por medio del lenguaje en el mundo social e ideológico en el que Góngora se halla comprometido. Nos parece extraño que una obra que es supuestamente una poesía absoluta evidencie un interés tan detallado y reiterado en las formas en que la gente se gana la vida. Notemos solamente dos ejemplos entre los muchos posibles de las *Soledades*. Los cabreros que albergan al peregrino durante la primera noche tormentosa de su peregrinaje le ofrecen una taza de leche:

> *y en boj, aunque rebelde, a quien el torno*
> *forma elegante dio sin culto adorno,*
> *leche que exprimir vio la Alba aquel día,*
>   *mientras perdían con ella*
> *los blancos lilios de su frente bella,*
>   *gruesa le dan y fría,*
> *impenetrable casi a la cuchara,*
> *del sabio Alcimedón invención rara* (I, 145-52).

Pasados algunos días, el peregrino, hacia el amanecer, saluda a un grupo de pescadores, quienes luego lo invitan a acompañarlos mientras preparan sus redes:

>   *Dando el huésped licencia para ello,*
> *recurren no a las redes que, mayores,*
> *mucho océano y pocas aguas prenden,*
> *sino a las que ambiciosas menos penden,*
> *laberinto nudoso de marino*
> *Dédalo, si de leño no, de lino,*
> *fábrica escrupulosa, y aunque incierta,*
> *siempre murada, pero siempre abierta* (II, 73-80).

Los detalles formales y funcionales de estos objetos —la curva sencilla de la taza de madera, la frescura y la densidad de la leche, los diferentes tamaños y texturas de las redes— no evidencian un lenguaje que «alude» a la realidad sólo para escaparse de ella con adorno bello y sublimación, o sea, lo que Dámaso Alonso denominaba el «puro placer de formas». Ambos fragmentos podrían leerse como una poética implícita de las *Soledades,* como si Góngora hubiera querido establecer una analogía entre sus técnicas de construcción poética y las formas de tecnología y de organización social que podría haber observado en el campo español del siglo XVII[2].

Se ha afirmado que las *Soledades* constituyen una mera antología de piezas líricas sin unión efectiva —al estilo, por ejemplo, de los «collares» poéticos de la Andalucía árabe—. Pero el propósito de Góngora es el de enhilar una serie de formas *sociales* que corresponden a las actividades descritas en los dos pasajes ya citados y en otros semejantes. El poema se estructura alrededor de la presentación de cuatro unidades escenográficas: una comunidad nómada de cabreros y cazadores que habitan en la sierra; una aldea campesina que parece ser el centro de una región de labranza, donde el peregrino presencia una boda; una isla cercana a la costa, donde vive una familia económicamente dependiente de la pesca, la artesanía y la horticultura; un núcleo feudal con su castillo, que sirve de escenario a la descripción de una expedición de cetrería. En una narrativa épica, intercalada en la *Soledad primera,* un serrano relata el descubrimiento y la conquista del imperio ultramarino de España en el siglo XVI (y pinta el imperio como una desgracia, un acto de vanidad trágica). Por todo el texto hay observa-

---

2   Marx señala en *El capital* (I, cap. 16) que «la tecnología revela cómo el hombre se interrelaciona con la naturaleza; también revela el proceso de producción con el que mantiene su vida y, por consecuencia, el modo de formación de las relaciones sociales y de los conceptos mentales que provienen de éstas». Para Góngora es evidente que el lenguaje es en sí algo *construido,* una forma de praxis productiva. En su *Carta en defensa* contra los detractores de las *Soledades* se jacta de que «nuestra lengua *a costa de mi trabajo* haya llegado a la perfección y alteza de la latina» (cursivas mías), y pide el mismo trabajo del lector.

contrast between court + countryside.
pilgrim searching for harmonious landscape + life style

ciones sobre la vida contemporánea de la corte y sobre las grandes ciudades; éstas sirven de contraste al paisaje pastoril y las chozas rústicas que el peregrino va encontrando. Él mismo es un hombre que ha perdido contacto con su propia sociedad, un exiliado —*naufragante y desterrado*— que algunas veces añora volver a su origen y otras veces espera encontrar una patria nueva. Los lugares que va descubriendo a lo largo de las *Soledades* le enfrentan con imágenes de economías y sociedades naturales, donde hombres y mujeres viven en contacto íntimo con el trabajo productivo y con la variedad de la naturaleza, donde la producción se destina al consumo, donde aún rigen la igualdad y la liberalidad.

¿Quién es el peregrino? Por una parte, desde luego, es Góngora; por otra, el lector a quien se dirige el poema. Christopher Caudwell describió en una ocasión a los poetas ingleses contemporáneos de Góngora de la manera siguiente:

> La poesía, al retirarse de la vida colectiva de la corte, sólo puede aislarse en la biblioteca particular del burgués, austeramente amueblada, compartida con un grupo selecto de amigos, en fin, un ambiente tan distinto de la publicidad diaria y nocturna de la corte que pronto efectúa una revolución en la técnica poética. Crashaw, Herrick, Herbert, Vaughn: toda la poesía de esta época parece escrita por hombres huraños y orgullosos desde la soledad de sus estudios; apelan desde la vida palaciega al campo o al cielo, y su lenguaje refleja dicho cambio[3].

Robert Jammes ha demostrado cómo la crisis económica que afecta a la pequeña aristocracia en el siglo XVI tardío amolda la vocación y la visión poética de Góngora. Al igual que muchos escritores de la época de decadencia, como Cervantes, Góngora es un hidalgo declasado. Escribe para los grandes terratenientes andaluces como los Medina Sidonia y se dirige a ellos en un tono de

Góngora - declassed knight nobleman

[3] *Illusion and Reality: A Study in the Sources of Poetry,* Nueva York, 1967, pág. 80. (Traducción mía.)

igualdad, pero en su propia vida no logra alcanzar ni el bienestar económico ni un puesto influyente (ya que Góngora tomaba en serio la idea del poeta como «legislador» de la conciencia). El «Homero español y cisne de Andalucía» comienza su carrera con una prebenda insignificante en el escalafón menor de la burocracia eclesiástica de su provincia. Con el tiempo, sus amigos, entre ellos algunas figuras importantes de los ministerios de los Habsburgo, le facilitan de vez en cuando una entrada en las filas de centenares de hidalgos de talento que compiten por la influencia y el aplauso en una corte que, a partir de la muerte de Felipe II en 1598, tiene cada vez menos capacidad de favorecerlos de manera satisfactoria[4].

En 1609, Góngora se encuentra en dificultades en Madrid, siendo víctima, al parecer, de sus propias indiscreciones en la corte y de la hostilidad creciente de sus rivales (entre los que ya se incluyen Quevedo y Lope). Se retira a Andalucía y entre 1609 y 1617 vive casi apartado de las intrigas de la corte en una finca cerca de Córdoba, la Huerta de Marcos. Allí se dedica a la creación del *Polifemo* y de las dos *Soledades*. El campo influye en la forma

---

[4] Robert Jammes, *Études sur l'oeuvre poétique de Don Luis de Góngora,* Burdeos, 1967. Véase, sobre todo, la sección titulada *Ideal de Don Luis* (págs. 26-35) para un estudio de los antecedentes familiares de Góngora, del declive de la pequeña aristocracia de provincia en el período transicional entre el ascenso de Felipe II y la Decadencia, y de las formas de conciencia de clase a la que este declive da lugar. Se ha desarrollado en las últimas décadas una amplia literatura sobre las causas y la caracterización de la Decadencia, basada generalmente en un repaso crítico de la tesis de Hamilton (y los arbitristas) sobre el efecto de los metales preciosos en la economía española. Como resumen es útil la colección de Pierre Vilar, *Crecimiento y desarrollo: reflexiones sobre el caso español,* Barcelona, 1964, en particular los ensayos «El problema de la formación del capitalismo» y «El tiempo del *Quijote*». Vilar nos hace recordar que «si la palabra *crisis* define el paso de una coyuntura ascendente a una coyuntura de hundimiento, no hay duda de que entre 1598 y 1620 —entre la "grandeza" y la "decadencia"— hay que situar... la primera gran crisis de duda de los españoles» (págs. 431-2).

y la temática de estos poemas; reflejan un desengaño de la corte y del destino político de España, y a la vez un deseo de construir algo que pueda contraponer a una realidad política que ha llegado a ser opresiva.

No obstante, la tentación de la corte no le abandona y sus tensiones y contradicciones también ayudan a formar su «manera» poética. En 1618, Góngora vuelve a Madrid, seducido por la oferta del puesto de capellán de la familia real. Parece estar en la cumbre de su fortuna y de su capacidad artística, pero es derrocado súbitamente, junto con sus amigos y protectores, a causa de la caída de la prinvanza del duque de Lerma, que da fin a una lucha política oculta, pero importante, contra el privado emergente, Olivares. Góngora pasa la última década de su vida luchando contra las deudas y una decaída salud física y mental. Muere en Córdoba en 1627, en el mismo año en que la Inquisición prohíbe la venta de la primera edición pública de su poesía.

La España de Góngora es un país envuelto en un sueño de poder e imperio. González de Cellórigo, en su *Memorial* (1600), sugiere la imagen cervantina de «una república de hombres encantados, que viven fuera del orden natural». En uno de sus poemas, Góngora describe el imperio americano, recién conquistado con tanta confianza, como un cadáver sangrado por la codicia y la violencia:

> *ara del Sol edades ciento, ahora*
> *templo de quien el Sol aún no es estrella,*
> *de la grande América es, oro sus venas,*
> *sus huesos plata, que dichosamente,*
> *si ligurina dio marinería*
> *a España en uno y otro alado pino,*
> *interés ligurino*
> *su rubia sangre hoy día,*
> *su médula chupando está luciente.* (Egloga piscatoria.)

La imagen es acertada. Abarca el pasado y el presente de una época de expansión imperial; presenta una trayectoria de grandeza e ilusión que define el «siglo de oro» español tanto como la forma interna de la poesía de Góngora. Se trata de una meditación sobre el fetichismo de la mercancía en la etapa mercantilista de la economía española. El oro y la plata, extraídos de América con tanto gasto de vidas humanas, pasan por España dejando solamente la huella de un lujo opulento y un poder eclesiástico y monárquico petrificado en ciudades nuevas y parásitas como Madrid, destinadas a alojar y alimentar la nueva burocracia de las «ambas majestades» y la aristocracia cortesana. La riqueza en sí viene a parar en los bancos de los Países Bajos, de Génova (el *interés ligurino* a que alude Góngora), en los puertos mercantiles de Inglaterra, de Francia, de la Liga Hanseática. Allí fomenta la emergente hegemonía capitalista. En España, por el contrario, esta acumulación primitiva del capital deja un legado de inflación, impuestos excesivos y creciente deuda nacional, creando una depresión económica que se extiende por todo el país, destruyendo las bases industriales y agrícolas de la naciente burguesía. Al bajar el valor y cantidad de los metales preciosos, al quebrarse el monopolio de España en América y el Pacífico, el país descubre que no tiene nada para reemplazarlos. Su hegemonía militar en Europa se eclipsa en las décadas que siguen a la derrota de la Armada Invencible, mientras que otros poderes en ascenso se adelantan en la competencia por colonias, pueblos súbditos, monopolios. Los Países Bajos prosiguen su guerra de liberación nacional contra los Habsburgo, contraponiendo el ideal de una república burguesa al absolutismo feudal y tridentino de los Habsburgo. Es una guerra que España no consigue ganar o perder decisivamente.

España permanece como un poder mundial, pero sólo a costa de someter a su pueblo a presiones y sacrificios enormes. Es el momento en que «la peste baja de Castilla y el hambre sube de Andalucía», como escribe Mateo Alemán en su *Guzmán de Alfarache*. Las clases sociales que constituirán la columna vertebral de la revolución puritana en Inglaterra —la burguesía manufacturera, los campesinos libres y artesanos de los municipios— quedan abatidas y marginadas por la crisis.

24

(En el trasfondo: el genocidio directo o indirecto de la gran mayoría de la población indígena en América.)

En tales circunstancias, la esquizofrenia parece ser precondición de la iluminación: el caballero andante y el licenciado Vidriera cervantinos, los *Sueños* de Quevedo, la *soledad confusa* de Góngora. El humanismo abierto y ambicioso de principios del siglo XVI ha cedido ante una cultura «nacional» caracterizada por un ambiente de conformismo, chauvinismo y pedantería religiosa e intelectual. La corte, dominada por las figuras y los partidos conflictivos de la alta nobleza y por un espíritu de bajo maquiavelismo, no es capaz de ofrecer al país una política que detenga la caída. Para encauzar el descontento popular, la monarquía maquina actos de oportunismo desastroso, como el de expulsar a los moriscos de Valencia y Andalucía en 1610. Como demuestran las reformas económicas proyectadas por arbitristas como González de Cellórigo o Pedro de Valencia, no se ha perdido la capacidad de analizar los problemas nacionales, pero la capacidad de actuar en vías de solucionar dichos problemas queda paralizada por los intereses conflictivos de la aristocracia dominante, feudal y mercantilista a la vez. (Los arbitrios, a veces, presagian la abolición de la propiedad de la Igleia y de los grandes terratenientes, el fin del imperialismo mercantilista y su sustitución por una economía de servicios con base en el campesinado, los atesanos, las comunidades.) «El no haber dinero, oro ni plata en España, es por averlo», escribe González de Cellórigo en su *Memorial*, «y el no ser rica es por serlo: haziendo dos contradictorias verdaderas en nuestra España, y en un mismo subjeto»[5].

---

[5]   Cellórigo y Valencia pertenecían a lo que podemos denominar la «izquierda» arbitrista en el siglo XVII, es decir (según Vicens Vives), a los que, «siguiendo las directrices de la escuela cuantitativa de Salamanca..., reaccionaron contra el ideal de acumulación de moneda y abogaron por la reconsideración del trabajo productivo como elemento básico de la riqueza». *Manual de historia económica de España,* Barcelona, 4.ª ed., 1965, pág. 412. A este respecto es interesante observar que Góngora escogió a Pedro de Valencia como censor de las *Soleda-*

transfer economic + political probs to a rural context.

Las *Soledades* no son «poesía pura»; tanto como el *Quijote*, la sátira reaccionaria de Quevedo o los arbitrios constituyen una forma de plantear los problemas de la crisis nacional española. Para plantearlos correctamente, mostrar alternativas, reeducarse a sí mismo y a sus lectores, el poeta se retira de la presión inmediata de las circunstancias hacia «otro mundo». El alejamiento en el arte significa una búsqueda de la imagen de una utopía que pueda contraponerse a la experiencia histórica del desastre. La «manera» gongorina y el plan de las *Soledades* equivalen a una transferencia al campo estético de cuestiones de ética social y economía política que no se pueden «pensar» con el lenguaje y las categorías que les son propios.

Los poetas burgueses de Inglaterra se dirigen a una clase que en el siglo XVII comienza a implantar sus ideas e instituciones con una autoridad creciente. Su poesía refleja y luego influye en los valores y las aspiraciones de dicha clase: su concepto de la comunidad y la historia, su moral y su estilo personal, su sentido de legitimidad revolucionaria. Más allá de su alejamiento de la corte y sus ataques contra la vanidad de ésta, intuyen la forma de una futura Jerusalén nueva y adaptan su arte y su vida al servicio del ideal naciente. Góngora no dispone de la confianza ni de la posibilidad necesarias; es un hombre que intenta comprender y humanizar la fuerza de la historia en una nación que ha sido traicionada por ésta[6]. Escribe

---

des, porque éste, además de economista, era filólogo acabado en la tradición del humanismo utópico de Tomás Moro y de sus colegas erasmistas. L. J. Woodward argumenta que Valencia, en efecto, proponía en sus arbitrios «el parcelamiento de las grandes heredades y la distribución de éstas entre los campesinos, la construcción de una economía basada en el servicio y, en cuanto posible, libre de los males del dinero y del crédito». Como en las *Soledades,* para Valencia «los ricos son objetos de desdén, y los trabajadores manuales, sobre todo los que cultivan la tierra, son los verdaderos dueños de la sociedad». «Two Images in the *Soledades* of Góngora», *Modern Language Notes,* LXXVI (1961), página 784. (Traducción del inglés de DJH.) Véase también Pedro de Valencia, *Escritos sociales,* edición de Viñas Mey, Madrid, 1945, páginas 36-7.

[6] «En su propio solar, en Castilla y hacia 1600, *el feudalismo entra*

soledades = symbols of decadence in Spain

para una élite reducida de conocedores que tienen la capacidad de entender las tensiones e insinuaciones de la obra, lectores que, sin embargo, son figuras aisladas y marginadas, aristócratas radicales que dependen de una clase cuyas formas de dominación a veces idealizan y otras cuestionan. La poesía de Góngora es (en su palabra) *no para los muchos*.

En este sentido, las *Soledades* son un síntoma del período de la decadencia española. Representan a la vez un discurso enajenado y, como indicaba Antonio Machado en su crítica del gongorismo, enajenador. Fracasan, no cumplen lo que prometen, y tienen que ser abandonadas al fin a una desilución suicida. Sin embargo, lo que perdura en ellas y lo que nos permite comenzarlas de nuevo es esa *libertad, de fortuna perseguida (Dedicatoria,* v. 34) que construye Góngora en abrazar y expresar las contradicciones más profundas en su propio ser y en el momento histórico que él vive como poeta. «Las cualidades radicales del arte, es decir, su reto a la realidad establecida y su invocación de la imagen bella (schöner Schein) de la liberación se fundan precisamente en esas dimensiones en que el arte *trasciende* su determinación social y se emancipa del universo dado de discurso y comportamiento, preservando a la vez, sin embargo, la presencia determinadora de éste… La lógica interna de la obra de arte termina con la emergencia de otra razón y otra sensibilidad que se enfrentan a la racionalidad y sensibilidad incorporadas en las instituciones sociales dominantes»[7]. Góngora se esfuerza en su arte contra el tiempo y las limitaciones de su nexo coyuntural, sabiendo que su tarea —la construcción de la soledad— oculta una comunión que se extiende más allá hacia el futuro y otras posibilidades humanas.

---

en agonía sin que exista nada a punto por reemplazarle. Y este drama durará. Dura todavía, y por eso don Quijote sigue siendo un símbolo.» P. Vilar, *Crecimiento y desarrollo,* pág. 441.

[7]   Herbert Marcuse: *The Aesthetic Dimension,* Boston, 1978, páginas 20-1. (Trad. mía del inglés.)

2. *Dos modos de contradicción en las «Soledades»*

> *En dos edades vivimos,*
> *los propios y los ajenos*
> . . . .
> *a mis soledades voy,*
> *de mis soledades vengo.*

Lope de Vega

a) *Épica y pastoril*

El *Antídoto contra la pestilente poesía de las «Soleda-des»* (1614), de Juan de Jáuregui, es uno de los ataques más interesantes de los ocasionados por la aparición de la *Soledad primera* en la corte madrileña. Jáuregui tiene la evidente intención de molestar a los defensores de Gón-gora, que pretendían que a los detractores del poema les faltaba la erudición y el gusto necesarios para entender el *estilo heroico*. Jáuregui concede que tal estilo admite «arrobamientos», pero éstos deben adecuarse a la eleva-ción de la materia imitada, a saber, las acciones épicas o trágicas. Los temas y las escenas de las *Soledades,* sin embargo, parecen bucólicos; son, en palabras de Jáure-gui, «concurso de pastores, bodas, epithalamios, fue-gos». De manera que la experimentación de Góngora fracasa porque se propone como objetivo una idealiza-ción de «cosas humildes»[8].

La intuición de una disyuntiva entre forma y conteni-do con el resultado de disonancia afectiva, lo que Jáure-

---

[8]   El texto del *Antídoto* se verá en Eunice J. Gates, *Documentos gongorinos,* México, 1960. Díaz de Rivas, quizás el más inteligente de los defensores barrocos de Góngora, sustentó que las *Soledades* no eran, en efecto, un poema pastoril: «su intención no es tratar cosas pas-toriles (estas materias son circunstancias accidentales al fin principal de la obra), sino la peregrinación de un Príncipe, persona grande, su ausencia y afectos dolientes en el destierro». Representan así «aquel gé-nero de poema de que constaría la *Historia ethiópica* de Heliodoro si se reduxera a versos». *Discursos apologéticos por el estylo del «Poliphe-mo» y «Soledades».* Texto en Gates, *Documentos,* págs. 51-2.

dog-biscuit.

gui designa como una «desigualdad perruna», llega a ser una premisa mayor de la corriente anti-*Soledades* en la crítica literaria hispánica. Francisco Cascales, por ejemplo, observó que el lenguaje gongorino «no es bueno para poema heroico, ni lírico, ni trágico, ni cómico; luego es inútil»[9]. La defensa formalista de las *Soledades,* desde Espinosa Medrano en el siglo XVII hasta la Generación del veintisiete en el nuestro, ha aceptado esta premisa por lo general, pero la ha invertido en una defensa de Góngora como poeta que se preocupaba por inventar una poesía hedonista, alejada de los cánones utilitarios sobre los géneros y la decencia que proponía la poética didáctica de la Contrarreforma. De allí que Dámaso Alonso encontrara un «puro placer de formas» y que Andrée Collard opinara que las *Soledades* constituyen un nuevo género literario «en que la *utilidad* desaparece frente al arte descriptivo»[10].

Es evidente, por una parte, que Góngora quiso reunir en las *Soledades* la tradición pastoril greco-romana y europea; el abad de Rute, uno de los defensores tempranos del poeta, piensa en «una pintura que habla» en la que, «como en un lienzo de Flandes», Góngora ha representado una enorme variedad de escenas rurales, paisajes, ejercicios y tipos humanos; Noël Salomón, en un idilio campesino, concebido como «un gran poema capaz de igualarse en sus dimensiones a las *Geórgicas* de Virgilio»[11]. No obstante, si Góngora ya poseía en Virgilio el

---

[9]   Francisco Cascales, *Cartas filológicas,* Madrid, 1959, II, página 186. De allí que para el humanista postridentino Góngora sea «Mahoma de la poesía española».

[10]   Para una caracterización más amplia de la defensa formalista de las *Soledades* véase Collard: *Nueva poesía: conceptismo, culteranismo en la crítica española,* Madrid, 1967, págs. 102 y ss.

[11]   Francisco de Córdoba (Abad de Rute): *Examen del «Antídoto» o apología por las «Soledades».* Publicado como apéndice en M. Artigas, *Don Luis de Góngora,* Madrid, 1925, pág. 406. Nöel Salomon: *Recherces sur le thème paysan dans la «comedia» au temps de Lope de Vega,* Burdeos, 1965, pág. 193. Lorca opinaba que Góngora quiso escribir «un gran poema lírico para oponerlo a los grandes poemas épicos que se cuentan por docenas». Era necesaria una narración para dar

29

modelo de un largo poema descriptivo sobre temas bucó-
licos, ¿por qué recurre a la técnica narrativa del peregri-
naje para mantener la tensión lírica? El encomio que
hace el peregrino de *bienaventurado albergue,* las refe-
rencias múltiples a la *mediocritas* horaciana como ideal
bucólico y al tópico de la *concordia discors,* la robustez
de los pastores y campesinos, su generosidad y su amabi-
lidad naturales, la sabiduría de sus ancianos, el rito eróti-
co y social de la boda: todo esto define la *Soledad pri-
mera* como tragicomedia pastoril. Por otra parte, este es
un género (y una posibilidad humana) que el peregrino
rechaza al dejar la aldea de la boda y seguir su viaje hasta
los lugarers costeños y la violencia acrobática de las esce-
nas de halconería en la *Soledad segunda*[12].

Debemos ver el paisaje por el que el peregrino transcu-
rre como episodio de una trayectoria más amplia de de-
sastre y restauración; así se presenta como paisaje móvil
que abarca elementos disonantes y contradictorios y que

---

unidad a la extensión lírica, pero «si le daba a la narración, a la anécdo-
ta, toda su importancia, se le convertía en épico al menor descuido. Y si
no narraba nada, el poema se rompía por mil partes sin unidad ni senti-
do». «La imagen poética de Góngora», en F. García Lorca, *Obras
completas,* Madrid, 1966, pág. 81. Dámaso Alonso, igualmente, sugi-
rió la consigna «Contra el interés novelesco, el estético». «Claridad y
belleza de las *Soledades*», en Góngora, *Las Soledades,* Madrid,
1935, pág. 41.

[12] La crítica sobre las *Soledades* ha tendido a considerar la *Soledad
segunda* como indigna de la atención concedida a la primera: un error,
porque los dos cantos forman una *unidad* tragicómica. Robert Jam-
mes, tan lúcido en la presentación de otros textos de Góngora, sucumbe
a este error: «... supongo que, una vez terminada la *Soledad primera,* le
quedaban a Góngora algunos bosquejos, proyectos o, como dicen los
pintores, estudios que no había podido colocar en el poema acabado
porque habrían perturbado la armonía de éste. Por eso abandona el te-
ma de menosprecio de corte y, de manera inesperada, convierte la *Sole-
dad segunda...* en poema cortesano». *Études,* págs. 584-6. (Trad. del
francés de DJH.) R. O. Jones observó con mayor acierto que «la
violencia de la segunda *Soledad,* en realidad, es lo bastante extensa pa-
ra sugerir a algunos lectores que Góngora prepara una retirada poética
de la vida idealizada y natural de la *Soledad primera*». «Neoplatonism
and the *Soledades*», *Bulletin of Hispanic Studies,* XL (1963), pág. 4.
(Trad. del inglés de DJH.)

se transforma constantemente en nuevas visiones y sensaciones: ya no la tela de fondo imprecisamente platonizada del *locus amoenus* pastoril, sino un paisaje realista, lleno de cambio, energía, alboroto, lucha y trabajo humano. El carácter del peregrino le obliga a actuar como en la convención épica, más allá de la tentación de quedarse en el idilio perifrástico. Es semejante al joven Eneas, que debe rechazar sus amores con Dido en favor de un destino todavía incomprensible, o a los amantes enajenados y separados de la novela bizantina que salen del desorden y de la «soledad confusa» de la selva y las islas desiertas hacia un reencuentro en una apoteosis urbana y política. La ciudad es el monumento de la historia *lograda,* del poeta como *legislador (vates)* de la conciencia nacional; el mundo natural pertenece a la utopía perdida de la niñez y la adolescencia.

Jáuregui, entonces, tenía perfecta razón en tachar las *Soledades* de inconsistencia en el decoro poético, sólo que esta disonancia es intencional en Góngora; define una nueva poética que responde a una nueva realidad social y cultural. Ni lo pastoril ni lo épico mantienen para él su valor como géneros autosuficientes, de modo que tiene que inventar una ficción, las *Soledades,* cuya configuración se debe a la combinación de y a la resultante contienda entre los dos. (De la misma manera Cervantes forma el *Quijote* alrededor de una síntesis conflictiva de la novela de caballería y la novela picaresca[13].)

El enigmático joven de las *Soledades* —naufragante y desterrado— resulta ser el sujeto paradigmático de esta

intentional inconsistency by Góngora.

13 El gran crítico inglés William Empson observa con respecto a Shakespeare que en el escenario de la tragicomedia «lo que se representa es una unión de los mitos heroicos con los pastoriles, algo que se cree fundamental en ambos y necesario para la salud de la sociedad». *Some Versions of the Pastoral,* Nueva York, 1963. (Trad. del inglés de DJH.) A Góngora le gusta «confundir» la *lira* (signo de un *son dulce:* lo pastoril) con la *trompa* (signo de un *son claro:* la épica): e.g. *bese el corvo marfil hoy desta mía / sonante lira tu divina mano; / émula de la trompa su armonía* (Panegírico); *Estas, que me dictó rimas sonoras, / culta sí, aunque bucólica Thalia* (Polifemo); *Su canoro dará dulce instrumento, / cuando la Fama no su trompa al viento* (Soledades).

tensión modal entre épica y pastoril. Se dirige en el poema a una *enemiga amada:* el lector, el *hermano enemigo* de Baudelaire. Leo Spitzer aseveró en una ocasión: «¿Pero no es cosa sabida que Góngora se pone siempre en escena como peregrino abandonado de todo el mundo?» Este personaje no pretende representar el arquetipo paulino, tan difundido en la alegoría didáctica del barroco, del alma cristiana como peregrino en el mundo de las ilusiones. Es un héroe secular, un producto de la propia situación del poeta en cuanto hidalgo declasado, regionalista andaluz y, por consecuente, exiliado interno; es decir, un ser solitario que busca refugio en la *soledad* de la naturaleza primitiva y de formaciones sociales naturales. Este refugio se presenta a través de las convenciones pastoriles: la ilusión de un asilo fuera de los desastres de la historia (la *ínsula* pastoril e utópica), de la paz, la igualdad humana, la sencillez, la coexistencia con la naturaleza y con otros pueblos. La épica representa la tentación de la corte y del imperio, la plasmación de nuevas formas de dominio político. La personalidad del peregrino se define por una oscilación y un estado de exilio perpetuos. Motivan su acción una pérdida inicial y su deseo de recuperar (o hallar) algo que no tiene. Su presencia en las *Soledades* evidencia una mezcla de altivez aristocrática y la posición marginal de los que Lukács denominaba los «personajes desamparados» de la novela burguesa: Lazarillo, Vidriera, don Quijote. Está dispuesto para con el mundo, como la figura meditabunda en la alegoría de la Melancolía de Durero; es el espectador que no pertenece ni a los centros de poder de la aristocracia dominante, ni a las comunidades más sencillas de los artesanos, campesinos y jornaleros de su país.

El peregrino aparece deliberadamente como un personaje sin señas, es decir, *náufrago, y desdeñado sobre ausente.* A lo largo de las *Soledades* recibe varios nombres: *el peregrino, el joven, mísero extranjero, el caminante, el mancebo, el forastero, el huésped, extranjero errante, inconsiderado peregrino.* El lector nunca descubre el por qué o el por quién de su destierro, salvo por las alusiones elípticas a una *enemiga amada* petrarquesca. Jáuregui comentó irónicamente en su *Antídoto:*

> Vamos luego a la traza de esta fábula o cuento, que no puede ser cosa más sin artificio i sin concierto, porque allí sale un mancebito, la principal figura que Vm. introduce, i no le da nombre. Este fue al mar y vino del mar, sin que sepáis cómo ni para qué; él no sirve sino de mirón, i no dice cosa buena ni mala, ni despega su boca...[14]

Molho describe al peregrino como un «protagonista misterioso, un espectador neutral cuya interioridad nos escapa; es el ojo y la inteligencia del poeta, el cual, por la interposición de un mito, explora el universo, se adelanta paso a paso en su obra y maneja la errante génesis de ésta»[15]. Góngora lo define en varios lugares por alusión a Adonis, Icaro, Cadmo, Narciso, Arión, Ganimedes, Odiseo y Acteón. Estos dobles que se ciernen alrededor de su presencia en el poema encarnan, junto con él, formas del héroe como buscador y exiliado «errante».

El héroe épico y la índole de su búsqueda cumplen una función metonímica, ya que representan en un individuo específico los valores y el destino de una colectividad. El peregrino, sin embargo, es un héroe sentimental, una generalización de la psicología de la soledad y del narcisismo cuyo medio de acción adecuado es el idilio, el paisaje espiritual del género pastoril. Otros dobles del peregrino son los «forasteros» ingenuos del siglo XIX: el Childe Harold de Byron, el Fabrizio de Stendhal, el Pepe Rey de Galdós. Su enigma es su soledad, su incapacidad de formar parte de ninguna de las múltiples situaciones humanas que encuentra.

La épica sólo se logra como *nostalgia* en las *Soledades,* como algo que se abandona con gran compunción. El paradigma épico de las letras españolas y portugue-

---

[14] *Antídoto,* en Gates, *Documentos,* págs. 87-88.
[15] *Semántique et poétique,* págs. 35-36. (Trad. del francés de DJH.)

sas del siglo XVI, la epopeya de la colonización marítima y militar, se miniaturiza en la historia narrada al peregrino por el serrano arcádico en la *Soledad primera* (376-506). Este fragmento logra captar en cierta medida la tentación de lo lejano y peligroso —el viaje de Odiseo—, pero, a fin de cuentas, queda la soberbia trágica de la Conquista, su ilegitimidad, su poder de subyugar a los hombres a una serie de valores falsos y crueles en medio de su dominación de otras gentes. El narrador interrumpe su historia al recordar su desastre personal en la empresa colonial: la pérdida de su hijo y su caudal. Es un héroe épico que se ha retirado del mundo histórico de la épica. Caído en la *mediocritas* pastoril por su fracaso y su desengaño, aparece transformado en un anciano sabio de tipo bucólico, así como el cabrero de las ruinas y el viejo pescador de la isla (¿como Góngora mismo?). El peregrino, por otra parte, se destaca por su inmadurez y su falta de prudencia. Su imperfección se debe parcialmente a su falta de acceso a la acción, o sea, el carácter pasivo de su destierro, que lo convierte en observador. Es un héroe que aspira a la dimensión épica, cuya acción consiste en llegar a ser distinto de lo que es. Como Narciso, está enamorado de su propia imagen; no puede escaparse de este amor, aunque conlleva el peligro del suicidio o de la aniquilación:

> *shipwrecked.*
> *Naufragio ya segundo*
> *o filos pongan de homicida hierro*
> *fin duro a mi destierro;*
> *tan generosa fe, no fácil onda,*
> *no poca tierra esconda (II, 158-62).*

El peregrino debe experimentar lo pastoril para aprender la lección de autoconocimiento que encierra, una lección sobre lo posible y lo legítimo. Aprenderá, entre otras cosas, que él no es más que una parte de la creación, un elemento en el baile de la materia —un elemento que duda y piensa—, un hombre que peregrina en la soledad de su mente a través de un mundo que ofrece a cada paso la posibilidad de una comunidad libre y fraterna.

El género pastoril es una ficción de integridad psíquica, pero el peregrino, por otra parte, es una personalidad antinatural que oscila entre una simpatía y una indiferencia hacia la cornucopia fértil que lo rodea. La naturaleza es algo que queda atrás; cada frase del poema implica un nuevo nacimiento y una nueva muerte. El peregrino experimenta momentos de alegría, de admiración y de plenitud, pero éstos dan lugar cada vez a un sentimiento de imperfección e inquietud. Prosigue su camino; llega con el serrano anciano a las afueras de la aldea donde se efectuará la boda. Los dos observan una exhibición pirotécnica (I, 646-58), que alaba el peregrino; pero su huésped lo condena como una dilatación artificial de la transición normal de día a noche, un acto peligroso y vano porque, como Faetón, expone a los aldeanos al riesgo de un desastre: *campo amanezca estéril de ceniza / a la que anocheció aldea.* El anciano es un hombre experimentado en lo épico, mientras que Faetón pertenece al arquetipo del joven ambicioso y autodestructivo que define al peregrino. Sin embargo, éste mismo asume la actitud de un desengaño horaciano hacia la corte y la política en el encomio que pronuncia a los cabreros. En algunos momentos se ve como portavoz de la sencillez rústica y de una integración prudente con la naturaleza y el prójimo; en otros es un cortesano con insinuaciones de revolucionario que sólo ve en la naturaleza un concepto que disfraza el artificio de la *enemiga amada,* o de su propio narcisismo.

Esta ambivalencia nos remite a la pretensión de Jáuregui de que las *Soledades* eran una vanidad literaria desintegrada por sus contradicciones. Pero se ha visto que la contienda de géneros y modos que entabla Góngora se ubica dentro de la personalidad del peregrino. Dicha contienda determina los polos alternantes de una educación sentimental en la que la comunión parcial con la naturaleza —la «tregua» o la «vuelta a los orígenes»—

es la condición necesaria para el desarrollo de una nueva sensibilidad política y estética. La epopeya patriótica y el héroe épico en sí ya no son posibilidades auténticas para Góngora, un poeta heterodoxo que escribe en medio de un sentimiento creciente de crisis y decadencia en España y desde una actitud personal que es antagónica a la ideología expansionista-nacional que apoya las epopeyas imperialistas del siglo XVI. También se ha problematizado en las *Soledades* el valor tradicional del género pastoril en cuanto ficción fuera de las contingencias de la historia. Aquél ya no puede apartarse absolutamente de las tensiones de la realidad que procura eludir; dicho de otro modo, ya no se mantiene como modo literario unificado. Macrí señala un «gusto y fasto gongorino para revelar, en fin, su crisis interna de existencia y de naturaleza, a la manera invertida con la que Cervantes caracterizó el idealismo y la sublimidad de la acción humana»[16].

Para Góngora, como para su contemporáneo en el *Quijote,* el ejercicio de la literatura ha reemplazado una praxis política y militar a la que ya no tienen acceso. Así como el protagonista cervantino, el peregrino representa una estrategia de invención, un vehículo para la creación de un discurso *posible* en un momento histórico en que todo modelo y todo canon se ha hecho súbitamente anticuado y ya no sirve para representar las contingencias y contradicciones personales del escritor, mucho menos el contorno y el significado de su cultura. Las *Soledades* sintetizan en forma de antología toda la gama de la poesía clásica y renacentista, pero, necesariamente, a costa de producir una síntesis conflictiva, llena de antagonismos y transformaciones inesperadas: una *soledad confusa.*

---

[16] Oreste Macrí: *Fernando de Herrera,* Madrid, 1959, pág. 26. Vale recordar aquí la descripción que hizo R. O. Jones de las *Soledades* como poema «pastoril antiimperialista». «The Poetic Unity of the *Soledades*», *Bulletin of Hispanic Studies,* XXXI (1954), págs. 189-204.

b)   *Ciudad y campo*

> *Y la tierra adonde llegará es desconocida o así,*
> *cuando desembarque, será la tierra de donde viene.*
> *El posee una verdad y una patria sólo en aquella re-*
> *gión infructuosa entre dos países que no pueden per-*
> *tenecerle.*

Michel Foucault

El lenguaje del encomio *Bienaventurado albergue* nos ha hecho tomar las *Soledades* por una sublimación del tema de Antonio de Guevara: *menosprecio de corte, alabanza de aldea,* o sea, una crítica humanista y estética del urbanismo, la burocracia y el mercantilismo, de todo lo que Góngora intuye en la expresión *moderno artificio* (I, 97). Esperamos que se nos pinte un paisaje dotado de una *forma elegante... sin culto adorno,* semejante a la taza de madera que los cabreros le ofrecen a su invitado (I, 146). Pero aquí nos enfrentamos con la contradicción observada por Jáuregui: la disonancia entre la complejidad gongorina en lenguaje e imágenes y, por otra parte, la sencillez rústica que la primera ha de representar y celebrar. En términos más concretos, percibimos una ambigüedad curiosa y reiterada en la postura nominal de un rechazo de la ciudad. Góngora emplea la típica estrategia de presentar sus imágenes como una *soledad* o *selva* de signos, para luego reducirlas a un orden lógico, como una materia prima transformada por el trabajo y la técnica, o sea, *limada*. De manera inversa, suele presentar la naturaleza como si estuviera imitando («fabricando») la arquitectura de una ciudad:

> *Centro apacible un círculo espacioso*
> *a más caminos que una estrella rayos,*
> *hacía, bien de pobos, bien de alisos (I, 573-5).*

> *Mezcladas hacen todas*
> *teatro dulce, no de escena muda (I, 623-4).*

Estos árboles pues ve la mañana
mentir flores y emular viales
cuantos muró de líquidos cristales
      agricultura urbana (I, 701-4).

Los árboles que el bosque habían fingido,
umbroso Coliseo ya formado,
      despejan el ejido (I, 958-60).

Estas citas expresan, por un lado, que la naturaleza encierra los secretos de todos los intentos humanos de inventar y construir. En tal caso, sin embargo, el conocimiento de la naturaleza sería suficiente al peregrino, mientras que sabemos que es la ciudad, *en que la arquitectura / a la geometría se rebela* (II, 669-70), la que encierra la presencia contradictoria de la *enemiga amada*. Aunque el peregrino exiliado rehúye la ciudad, ésta reaparece dentro de su negación bucólica como un principio social y estético. Lewis Mumford resume en las siguientes palabras el concepto de la ciudad a la que se refiere aquí:

> Uno de los mayores triunfos de la mente barroca fue la organización del espacio, el hacerlo continuo, el reducirlo a la medida y el orden; la extensión de los límites de su magnitud para abarcar lo expresamente distante y lo extremadamente diminuto; finalmente, la asociación del espacio con el movimiento... A la solidificación del poder en la capital política corresponde una reducción de poder e iniciativa en los centros locales... La ley, el orden y la uniformidad son los productos particulares de la capital barroca, pero la ley existe para asegurar la posición de las clases privilegiadas y el orden es mecánico... El ejército proporciona el medio externo para reforzar este patrón vital; su instrumento económico es la política mercantil-capitalista, y sus instituciones más características son el ejército permanente, el cambio de Bolsa, la burocracia y la Corte. Hay una armonía fundamental que relaciona todas éstas, ya que entre todas crean una nueva forma de vida social: la ciudad barroca[17].

---

[17] Lewis Mumford: *The Culture of the Cities,* Nueva York, 1938, página 95. (Trad. del inglés de DJH.) Giulio Carlo Argan ha notado

culture vs. nature.

A pesar de lo que se suele afirmar, las *Soledades* no son poesía de la naturaleza; se basan más bien en el tópico del *campo,* o sea, de una mediación entre un estado puro de naturaleza (génesis) y el estado de cultura: el poema-artefacto, la ciudad como apoteosis. Por eso el paisaje del poema está en constante flujo y el mundo idílico de la *Soledad primera* parece diluirse en las escenas turbulentas y cada vez más artificiales de la *Soledad segunda.* El modelo elaborado por Góngora no es el del orden natural en contraposición a la corrupción histórica; tampoco consiste en la armonía estática del utopismo bucólico, el *menosprecio de corte, alabanza de aldea.* Estos elementos están presentes, pero funcionan como términos en un entrecruce dialéctico que es el poema mismo, que propone que la ciudad se parezca más al campo y el campo a la ciudad. (El ideal arquitectónico de Góngora sería esa ciudad-jardín —*Garden City*— propuesta por el socialismo utópico inglés en el siglo XIX.) En otras palabras, las *Soledades* son una irradiación de lo bucólico por una inteligencia urbana e histórica. Góngora y su peregrino se asemejan al Próspero de Shakespeare, quien se retira de la corrupción cortesana a su gabinete isleño,

---

que «el gusto de lo monumental, con su referencia a la antigüedad clásica, encuadraba bien a las clases dominantes, quienes se consideraban como llamadas por la divinidad a ejercer el poder y la autoridad. El "gran estilo" (que no es más que una extensión del concepto del monumento a todas las artes) llega a identificarse con los gustos y la cultura de la clase conservardora; así se explica cómo la clase media empieza a producir en contraposición su propia forma artística». *The Europe of the Capitals: 1600-1700,* Ginebra, 1964, pág. 17. (Trad. del inglés de DJH.) Góngora, un aristócrata declasado, es decir, ni aristócrata ni burgués, es adicto al *gran estilo,* pero lo emplea con disonancia, como señaló Jáuregui, para describir el campo y no la ciudad. Jammes opina que en presentar sus cuadros de vida rústica, Góngora no pretende evocar la masa de campesinos, sino sólo los más ricos. *Études,* 617, nota 87. Cabe recordar que la conquista del campo por la ciudad en los siglos XVI y XVII implica también la «ruralización» del campo a causa de la nueva división espacial del trabajo, ya que en la Edad Media el campo era el centro de producción material tanto agrícola, artesanal o cultural.

sólo para descubrir que dicha corrupción fue dictada por su magia.

El desarrollo del mercantilismo y la formación de los grandes centros metropolitanos implica una ruptura entre ciudad y campo, una *desnaturalización* del contexto humano. La conciliación de esta ruptura es (para Góngora y su tiempo) necesariamente trágica. Se encuentra, me parece, en aquellas ruinas que surgen tan inesperadamente en la selva montañesa del albergue:

> *Aquellas que los árboles apenas*
> *dejan de ser torres hoy, dijo el cabrero*
> *con muestras de dolor extraordinarias,*
> *las estrellas nocturnas luminarias*
> *eran de sus almenas,*
> *cuando el que ves sayal fue limpio acero.*
> *Yacen ahora, y sus desnudas piedras*
> *visten piadosas yedras:*
> *que a ruinas y a estragos*
> *sabe el tiempo hacer verdes halagos (I, 212-21).*

La ruina es para Góngora, como para Cernuda más tarde, una forma de *idilio*. Representa un poder de enclaustración y coerción ya disagregado por la fuerza destructiva y renovadora de la naturaleza: la construcción —producto del trabajo, de la técnica, del poder—, reducida a la condición de abandono y soledad. Constituye así el emblema tanto de la Melancolía —la caída de la plenitud y confianza épica— como del consuelo pastoril *(sabe el tiempo hacer verdes halagos),* es decir, de una nueva forma de experiencia y libertad. De acuerdo con el tema gongorino de amurallamiento, analizado con tanta elegancia por L. J. Woodward, la ruina encarna la antítesis entre el *albergue* de la *Soledad primera (retamas sobre robre / tu fábrica son pobre),* morada entretejida con la naturaleza, y el *castillo* marmóreo y hermético de la *Soledad segunda,* signo de la arquitectura como una forma de dominación o negación de lo natural. En la medida en que Góngora antropomorfiza la naturaleza como edificadora, la ruina representa contrariamente el artificio humano trasformado en una estética de lo difuso y lo accidental. Por eso, como veremos, la ruina viene a ser el simulacro de las *Soledades* mismas.

¿Hasta qué punto la presión de una situación histórica sobre la forma y el tema de las *Soledades* obliga a Góngora a emprender dentro del poema una representación de la historia misma? Contentémonos por el momento con observar a la vez la nostalgia de un paisaje humano-natural «abandonado» por el curso concreto de la historia, y un intento de descubrir los contornos de un «nuevo mundo», o *posible* historia, que eluda las contingencias de la crisis española en los comienzos del siglo XVII. En un soneto dirigido contra los críticos de las *Soledades,* Góngora presenta su poema como un pájaro cantor que, preso en una jaula de envidia y conspiración tramada en la Corte-Ciudad (Madrid), busca su libertad en la soledad andaluza:

> *Restituye a tu modo honor divino*
> *amiga Soledad, el pie sagrado,*
> *que captiva lisonja es del poblado,*
> *en hierros breve pájaro ladino.*
>
> *Prudente cónsul, de las selvas dino*
> *de impedimentos busca desatado*
> *tu claustro verde, en valle profanado*
> *de fiera menos que de peregrino.*
>
> *¡Cuán dulcemente de la encina vieja*
> *tórtola viuda al mismo bosque incierto*
> *apacibles desvíos aconseja!*
>
> *Endeche siempre amado esposo muerto*
> *con voz doliente, que tan sorda queja*
> *tiene la soledad como el desierto.*

El soneto puede verse como una meditación del poeta sobre las condiciones de su propia creación. Una lectura formalista nos revela, sin duda, el poema como un proceso de evasión estética, una huida a la naturaleza considerada como consuelo y pura posibilidad, es decir, a los *apacibles desvíos* del arte. Góngora pide para las *Soleda-*

des la libertad de dejar la corte para volver al paisaje —*al mismo bosque incierto*— que les proporciona tanto una inspiración como una patria: Andalucía, o bien el paisaje mental del poeta. No obstante, la *soledad,* al igual que las lamentaciones de los profetas desérticos, es también una queja dirigida contra la ciudad y a ella, una voz que demanda una reforma y que, así como la *bucólica* de Virgilio, ha de volver del destierro para inspirar, seducir e instruir a la autoridad: *si canimus silvas, silvae sint consulae dignae.*

La ciudad es el término ausente del peregrinaje; es necesario porque el poema contiene un movimiento de la región a la nación, de la utopía arcaica a la actual crisis imperial, de lo salvaje a la unión de lo natural y la técnica: la humanización estética de los seres humanos en sus relaciones consigo y con el mundo. Por otra parte, la restitución a la ciudad implica necesariamente una transformación de su condición inicial como residencia alienada y alienante del poeta-peregrino; la vuelta lleva a la constitución de una epopeya redentora, el triunfo de una nueva forma de imaginación política y moral que se ha descubierto mediante el ejercicio «imperfecto» del exilio pastoril.

3. *La arquitectura del tiempo*

> *Cuando el símbolo muestra al declinarse la faz de la Naturaleza a la luz de la salvación, en forma alegórica llega a ser la* facies hippocratica *de la historia que se extiende como paisaje congelado ante el espectador.*
>
> Walter Benjamin

Hemos visto que la acción de las *Soledades* parece transcurrir en un paréntesis idílico del tiempo, creado por el naufragio que interrumpe el viaje marítimo del protagonista. Dentro de dicho paréntesis, Góngora toma del género pastoril renacentista la posibilidad de oponer un paisaje conciliatorio a las presiones implacables de una historia cuya estructura interna es incomprendida y que enfrenta al peregrino en el carácter de hado. El *casi un lustro* del destierro del peregrino —y de Góngora— señala el retiro necesario de una sensibilidad moderna, pero enajenada hacia la utopía nostálgica de una infancia cultural. El mundo descubierto por el peregrino es un espacio que en un principio no ha sido *colonizado* por la historia. Pero hemos visto tal espacio arcaico representado como algo inestable y en transición hacia un punto de conciliación con el futuro, algo que reproduce la forma interna de la historia que parece rehuir. Las *Soledades* nos llevan fuera del tiempo a un *ocio perdido*. Se escapan de la inmediatez del presente que distorsiona el potencial de comprender y transformar, pero los elementos ambivalentes de la búsqueda le obligan al peregrino a volver al tiempo. En la España de Lerma y los arbitristas, Góngora habita una frontera temporal que divide imperio y decadencia, feudalismo y mercantilismo, paz y guerra, hidalgo y pueblo, ciudad y campo. El límite espacial del exilio, la *soledad* que rodea al peregrino, forma la frontera entre una utopía lingüística y una Babel, es decir, la decadencia del discurso hacia el puro narcisismo y la locura.

Posteriormente a la difusión de ejemplares manuscritos de la *Soledad primera* en 1613-14, el Abad de Rute, con la intención de refutar la acusación de Jáuregui de que la trama era insustancial, indicó que Góngora tenía planeados tres cantos más en los que se iban a desarrollar gradualmente los detalles del exilio del peregrino, de acuerdo con la convención bizantina de comenzar *in media res*. Díaz de Rivas y los demás defensores echaron mano de tal afirmación para suponer que las *Soledades* constituirían una procesión alegórica a través de cuatro etapas de paisaje simbólico: una *soledad de los campos* o la *Soledad primera* que había salido a luz originalmente, otra *soledad de las riberas* (la *Soledad segunda),* otra *soledad de las selvas* (de allí la convención «selvática» de la *Tercera soledad* de León y Marsilla y del fragmento de un tercer canto ensayado por Alberti), y otra *soledad del yermo* que daría fin a las peregrinaciones del protagonista. Transcurridos algunos años, Pellicer vinculó este esquema de paisajes a la convencional alegoría barroca del ciclo de las cuatro estaciones:

> Su principal intención fue en quatro *Soledades* describir las quatro edades del hombre. En la primera, la Juventud, con amores, prados, juegos, bodas y alegrías. En la segunda, la Adolescencia, con pescas, cetrería, navegaciones. En la tercera, la Virilidad, con monterías, cazas, prudencia y economía. En la quarta, al Senectud, y allí Política y Govierno. Sacó a la luz las dos primeras solamente[18].

Nos preguntamos: ¿Cómo puede este plan ambicioso de representar todo el transcurso de la vida caberse en una acción cuyos dos cantos existentes ocupan sólo algunos días de la vida del protagonista? En la *Soledad segunda* no ha cambiado ni su edad ni el ambiente estacional en la forma que sugería Pellicer. El «avance mientras se retrocede» de la trama bizantina nunca se realiza, por lo menos en la forma ideada por el Abad. Los fundamentos de la fábula quedan en el aire, y Góngora parece abandonarla para proseguir con otras materias.

Ya hemos notado que existen cuatro marcadas unidades escenográficas en el poema, las cuales corresponden aproximadamente a la estructura temporal de cuatro días completos: 1) la casi-Arcadia del albergue de los cabreros junto con las escenas montañesas del día siguiente; 2) los campos de labranza y la aldea de la boda en el valle al pie de las montañas; 3) el mundo riberino y piscatorio de los pescadores y el *breve islote;* 4) el castillo sobre el cerro que domina la ribera —*que deja de ser monte / por ser*

---

[18]   *Lecciones solemnes,* citadas por Antonio Vilanova (que da, además, un bello estudio del problema de las cuatro *Soledades)* en «El peregrino de amor en las *Soledades»*, *Estudios dedicados a Menéndez Pidal,* Madrid, 1957, III, págs. 421-60.

culta floresta— donde se lleva a cabo la halconería. *falconay.* En el modelo de Jammes de una *Geórgica* andaluza e idealizada, dichas etapas no representan más que exploraciones por las heredades cerca de Huelva pertenecientes a los Ayamonte y los Medina Sidonia. La hipótesis de Pellicer requería cambios de tiempo y lugar que no son posibles dentro del marco de los primeros dos cantos; tal vez haya confundido las *Soledades* con el trayecto biográfico más amplio de la novela. Quiero afirmar, sin embargo, que Góngora compone un plan representativo que es esencialmente semejante al plan proyectado en la hipótesis de los cuatro cantos.

La aldea con su variedad de escenas y actividades y los cuatro días completos de la acción forman un microcosmos *(historia conficta)* en el que se nota la presencia simultánea o sincrónica de diferentes estratos de la historia, pero también en proceso de desarrollo diacrónico al avanzar el lector por este mundo con el peregrino. Cada una de las unidades emblematiza un modo de producción específico y las relaciones construidas alrededor de éste: el pastoreo nómada (comunismo primitivo), agricultura sedentaria con emergentes formas de propiedad, una sociedad basada en la pesca y la manufactura, y, por ende, el mundo feudal del castillo.

Esta elaboración sigue a grandes rasgos el armazón del mito histórico de las cuatro edades metálicas en las *Metamorfosis* de Ovidio, el cual tiene sus antecedentes propios en la sociología del quinto libro de *De rerum natura,* de Lucrecio. En la versión de Ovidio[19], la edad de oro es una época en la que *no se leían palabras amenazantes en tablas de bronce; la primavera era eterna; los muros empinados aún no rodeaban las ciudades; el campo y la ciudad desconocían los usos militares; la tierra, sin compulsión, daba por sí sola.* En la edad de

---

[19] Citamos traduciendo del texto latín de Ovidio. Sobre el uso de las edades de metal como esquema historicista en el Renacimiento y Barroco, véase Harry Levin, *The Myth of the Golden Age in the Renaissance,* Bloomington, 1969, págs. 193-199.

plata *el año se divide en el otoño variable, el invierno desenfrenado, la primavera y el verano resplandeciente de calor. Luego los hombres construyeron casas contra el sol y el viento; entonces se siembran las semillas en los largos surcos y los bueyes gimen bajo los pesados yugos.* La edad de bronce introduce la tecnología metálica y la guerra: *los hombres estaban dispuestos a tomar las armas.* La edad de hierro *rompe la vena de toda maldad: la modestia, la verdad y la fe cedieron al engaño, al fraude, las envidias, la violencia y al desordenado amor a las posesiones.* Es la época del imperialismo marítimo, de los *cascos de pino que saltaron insolentemente sobre los océanos desconocidos. La tierra, antes propiedad común como el sol y el aire, se dividió en parcelas; los hombres se hundieron en las entrañas de la tierra, más profundas que el río Estigio entre las sombras de la muerte.* Los dioses envían un diluvio para acabar con la corrupción: *todo era un mar sin riberas.* En la orilla donde las aguas ceden, la vida vuelve a afirmarse (Góngora parafrasea este movimiento en el comienzo de la *Soledad Primera* cuando el peregrino llega a tierra después del naufragio). *La vida se concibe cuando se unen la humedad y el fuego; aunque el agua es el enemigo del fuego, todavía el calor y la humedad producen todas las cosas, y esta concordia discorde es propicia al nacimiento de seres vivientes...* La edad de Saturno está por iniciarse; el ciclo empieza de nuevo.

Al combinar el patrón ovidiano del ciclo de la creación y la destrucción de la civilización con los elementos del modelo de las cuatro *Soledades* propuesto por los comentaristas barrocos, se puede elaborar un modelo provisional de la forma historicista que Góngora explota en su poema[20].

---

[20] Dos novelas hispanoamericanas representan elaboraciones más o menos conscientes del esquema gongorino: *Los pasos perdidos,* de Alejo Carpentier (cuyo título parte de la premisa de las *Soledades: Pasos de un peregrino son errante... perdidos unos, otros inspirados),* y *Cien años de soledad,* de Gabriel García Márquez (Góngora en su *Egloga*

La escena marítima en la ribera que inicia el poema y que reaparece al comienzo de la *Soledad segunda* ocupa el lugar de la cosmología de Lucrecio y Ovidio; representa el Origen —de allí la «caída feliz» del naufragio—, las mutaciones de los elementos cuando surge el joven del mar, cubierto de espuma y plumas, como si fuera el *puer* de Virigilio que anuncia el nuevo reino de la Primavera y la edad de oro. La escena se ubica fuera de las cuatro unidades escenográficas en el sentido de que pinta el estado de la naturaleza antes de la aparición de la humanidad; se nos presenta como una confusión *(desdorados los siente)* que el peregrino y el lector deben empezar a dominar y ordenar[21].

El albergue es la antítesis de este caos genético: un lugar abrigado, una comunidad y hospitalidad: la imagen

---

piscatoria: ara del Sol edades ciento... la gran América es). Carpentier pone el esquema al revés, presentando a un peregrino moderno que retrocede en la historia desde la metrópolis capitalista (por alusión, Nueva York-París), a través de la ciudad periférica (Caracas-La Habana), la villa colonial, la encomienda, la selva, la sociedad tribal de los indígenas, hasta un paisaje de Génesis al «comienzo» de la historia. García Márquez sigue la anábasis del peregrino en la *Soledad primera* por un río secular que atraviesa una *soledad* inicial —la fundación de Macondo— hasta su apoteosis y destrucción en la entrada de la compañía bananera yanqui y, desde luego, un «diluvio» ovidiano que marca el fin de la dinastía Buendía (y del «siglo de oro» del Liberalismo hispanoamericano).

[21] Sobre este punto véase mi artículo «*Soledad primera:* verses 1-61», *Modern Language Notes,* 88 (1973), págs. 133-148. Las *Soledades* se remiten al *parasismal sueño profundo* Góngora menciona en sus sonetos de 1594, por ejemplo, el que comienza:

> *Descaminado, enfermo, peregrino*
> *en tenebrosa noche, con pie incierto*
> *la confusión pisando del desierto,*
> *voces en vano dio, pasos sin tino.*

Creo que Góngora se refiere a un ataque esquizofrénico o coma en estos poemas. La «caída» del peregrino en el naufragio representa el descenso de la conciencia normal a un mundo recargado de signos de lo pasado u olvidado, como en el concepto freudiano del *Niederschrift* o discurso subliminal.

de la naturaleza al servicio de los proyectos y deseos humanos. Pero es también una sociedad primitiva, apenas distinguible de la naturaleza. De allí su valor en el encomio en cuanto mundo inocente en contraposición al *moderno artificio* decadente del que huye el peregrino. A semejanza de la Arcadia griega, el albergue es un paisaje montañés áspero, pero de alguna forma providencial (por su austeridad y su sencillez). Góngora sigue al pie de la letra la iconografía de Ovidio y las resonancias de ésta en la convención pastoril de la edad de oro, pero el albergue describe también una escena rural perfectamente verosímil del campo andaluz. Sus moradores saludan al peregrino *con pecho igual de aquel candor primero* (I, 140). Hay aquí un movimiento desde el mito a la historia, a lo todavía posible que tiene por ende el carácter de una elección.

El albergue es una sociedad definida económicamente por el pastoreo; es comunitario, carece de agricultura sedentaria, de la construcción de casas y pueblos *(limpio sayal en vez de blanco lino:* I, 143). En la edad de oro ovidiano *no sonaban las trompetas de bronce ni las espadas estruendosas;* en el albergue gongorino, *de trompa militar no, o destemplado / son de cajas, fue el sueño interrumpido* (I, 170-1).

Los cabreros, sin embargo, se presentan, además, como devotos de Vulcano, dios del fuego y de la fragua. Su comunidad coexiste armoniosamente con la naturaleza, pero esta armonía nace de la unión de técnica y naturaleza y no de la naturaleza sola. Se caracterizan por una *cortesía* que contradice la *fiereza* de las montañas circundantes (I, 136-7). Abundan señales de la fabricación: *limpio sayal, cuadrado pino, la cuchara / del sabio Alcimedón rara, sobre corchos... pieles blandas.* La quintaesencia del albergue es quizá la taza de madera en la que se le invita al peregrino tomar leche de cabra: *y en boj, aunque rebelde, a quien el torno / forma elegante dio sin culto adorno* (I, 145-6). La continuación de la anábasis pacífica del peregrino al día siguiente significa una exploración más intensa de la Arcadia bosquejada en el episodio del albergue. Pero, además, es un movimiento espacio-temporal que se aleja de la soledad e inocencia primitiva de este mundo montañés hacia el valle fértil que vislumbra el peregrino con su huésped en el amanecer. Efectivamente, hay una transición a una sociedad agraria, con casas y campos labrados, simbolizada por la aldea donde sucede la boda. Este descenso atraviesa la naturaleza, pero una naturaleza ya domesticada, poblada de grupos errantes de cazadores y pastores, llena de ruinas, miradores, senderos que se bifurcan en caminos, música y discursos. La inserción de los participantes de la boda sexualiza el paisaje. (El albergue, al igual que el paisaje de la halconería, es una sociedad masculina.) La tensión creada por la alusión inicial al *mentido robador* y al rapto de Europa reaparece, desprovista de su violencia, en un juego de fragmentos eróticos: *lasciva el movimiento, inundación hermosa, juventud florida, montaraz zagala, el arcaduz bello de una mano, escuadrón de amazonas desarmado, ...deponiendo amante / en las vestidas rosas su cuidado.* Estos detalles influyen en el lenguaje de la epopeya trágica que cuenta el viejo serrano, el líder de estas escuadras, con el efecto de vincular la aventura del descubrimiento y el imperio a la vibración sexual de los serranos y del ambiente:

> *los reinos de la Aurora al fin besaste,*
> *cuyos purpúreos senos perlas netas,*
> *cuyas minas secretas*
> *hoy te guardan su más precioso engaste* (I, 457-60).

La epopeya como las ruinas recuerda la corrupción de una edad de hierro anterior que una vez había reinado en estas montañas, una época cuando *el que ves sayal fue limpio acero.* Sus compases heroicos son contrapuestos a las canciones de las zagalas montañesas que parecen seducir el paisaje, *sirenas de los montes su concento* (I, 550).

Durante el transcurso del día, cambia el carácter del paisaje; el sendero inicial a través de los montes —*el arco*

del camino pues torcido (I, 335)— se convierte en una
carretera o plaza bucólica al anochecer: *centro apacible
una círculo espacioso / a más caminos que una estrella
rayos* (I, 573-4). La creciente tecnificación de la selva cul-
mina, como antes en la llegada del peregrino al albergue,
en una exhibición de fuego: el peregrino y los montañeses
presencian *luminosas de pólvora saetas* (I, 650) que por
su artificio se contrastan con la hoguera primitiva de los
cabreros.

A la mañana siguiente el peregrino y los pastores
entran en la aldea que se ve cercada por filas de árboles y
zanjas. Góngora habla de una *agricultura urbana*
(I, 701-4). La aldea es un *populoso lugarillo,* una so-
ciedad basada más en la agricultura sedentaria que en el
pastoreo nómada. El tema principal de la boda será la
conjunción del orden económico con el orden moral que
se introduce con la fertilidad de los campos y las in-
dustrias pastoriles: la *liberalidad.* La boda armoniza las
tensiones dentro del mundo que ha atravesado el pe-
regrino. La procesión de los zagales —*el yugo de ambos
sexos sacudido*— le motivó a Pellicer a denominar como
adolescencia la expansión erótica y la confusión de dicha
escena. Por otra parte, la pareja nupcial simboliza el ins-
tinto domesticado, la adaptación al orden cívico y pro-
ductivo de una comunidad. Pero implica también una
nueva tensión por la necesidad del trabajo, la conversión
del producto de éste en propiedad, el peligro de que la
misma prosperidad de la comunidad la destruya en com-
petencia y fraticidio. De modo que la nueva pareja debe-
rá buscar el ideal de la vía media entre riqueza y pobreza
excesivas:

> *Próspera al fin, mas no espumosa tanto*
>   *vuestra fortuna sea,*
> *que alimentan la envidia en nuestra aldea*
> *áspides más que en la región del llanto;*
> *entre opulencias y necesidades,*
> *medianías vinculen competentes*
>   *a vuestros descendientes*
> *previniendo ambos daños las edades* (I, 926-33).

Los juegos atléticos entre los invitados siguen casi como un reflejo automático de esta tensión. Muestran la disciplina y la rivalidad inherentes a la sociedad aldeana, desviada de la furia y la destrucción de la guerra. Así se explica el epitalamio concluyente que reúne los órdenes militar y erótico: *bien previno la hija de la espuma / a batallas de amor campos de pluma*[21].

Los elementos piscatorios de la *Soledad segunda* restituyen al peregrino al paisaje marítimo inicial, transformándolo, sin embargo, en un mundo de pesca y halconería, de barcos que van y vienen por las riberas, de grupos que trabajan y se desplazan. En el ciclo de Ovidio, la caída del pino montañés al agua —la navegación y el consecuente comercio internacional— inicia el declive hacia las edades de los metales inferiores, cuyo resultado se prevé en la epopeya trágica del serrano en la *Soledad primera*. Al desarrollarse el mundo de la *Soledad segunda*, la utopía de la primera aparece cada vez más lejana. De hecho, la isla es una miniatura del estado arcadiano, pero en esta limitación se pierde el sentido de fraternidad y festejo que informa las sociedades precedentes. Se trata exactamente de una Arcadia *privada* en la que la mínima unidad social es el núcleo familiar integrado por el anciano pescador (aparentemente viudo) y sus hijos. El tema se ubica menos en la capacidad de cooperar con la naturaleza que en la necesidad de transformarla, de formar instrumentos y redes, de construir domicilios, jardines,

---

[22]   Jammes ha señalado la ausencia de una mínima referencia (salvo el impreciso *templo* de I, pág. 648) a la ceremonia cristiana en la representación de la boda aldeana: «hay aquí una verdadera ''paganización'' de las ceremonias católicas, mientras que la tendencia general de esta época era, al contrario, la de ''cristianizar'' la herencia cultural del paganismo». *Études,* 599, nota 59. (Trad. del francés de DJH.) Vicente Gaos escribe que «la poesía de Góngora es constitutivamente atea, en efecto». *Temas y problemas de la literatura española,* Madrid, 1959, pág. 150. La presencia femenina y secreta que se cierne sobre el peregrino a lo largo de las *Soledades* no es la de la Virgen, símbolo de la gracia divina, sino de la Venus que vigila y gobierna el «baile de la materia» en *De rerum natura.*

refugios, colmenas, de pescar con arpones. La mesa sobre la que se le ofrece al peregrino una cena de pescado —*raros todos y no comprados*— reintroduce el corcho del albergue, como ahora algo del pasado: *el árbol que ofreció a la edad primera / duro alimento, pero sueño blando* (II, 341-2). (En el albergue *Sobre corchos después, más regalado / sueño le solicitan pieles blandas.*) Mientras que el albergue le había ofrecido al peregrino *limpio sayal en vez de blanco lino,* aquí

> *Nieve hilada, y por sus manos bellas*
> *caseramente a telas reducida,*
>   *manteles blancos fueron* (II, 343-5).

El poeta quiere que entendamos en estas transposiciones codificadas que la isla es una sociedad surgida de la inocencia y la sencillez primitivas de una Arcadia, ahora situada al borde de los desastres del *moderno artificio.* Las flotas mercantiles, en sus viajes a América o desde ella, siembran la orilla con *trágicas ruinas de alto robre* (II, 384). El *viejo Nereo,* como el serrano precedente que había actuado en la Conquista, se ha retirado como un *geómetra prudente* de esta corriente histórica; pero sus hijas, por el contrario, se aventuran más allá de la isla para pescar peces en las aguas ensangrentadas, cada una *sorda a mis voces.* La pesca las libera de sus quehaceres domésticos, pero implica a la vez un exceso de violencia y peligro (II, 388-511), como la épica paralela de la *Soledad primera.* Jammes señala, entre las disonancias que según él deterioran la *Soledad segunda,* una «tendencia a lo novelesco» en estas escenas en el uso de nombres propios que en ningún momento se ven en la *Soledad primera.* Los nombres, sin embargo, se han incluido para señalar la desaparición de la colectividad nupcial; para bien o para mal, es el individuo el protagonista y no el grupo, manifestándose ya no en coro, sino en la queja amorosa-piscatoria (del peregrino mismo, de Micón y Lícidas). La fraternidad espontánea del albergue y los parentescos que unen la sociedad aldeana son puestos en duda, de manera que el peregrino, llevando en sí un sentimiento de separación entre él y los demás, pasado y futuro, deseo y realidad, se ve obligado a actuar en el poema por primera vez: interviene al final de esta escena para que el padre acepte como yernos a los dos pescadores enamorados (II, 635-44).

La norma de la vía media difícilmente se mantiene en el mundo isleño. Con la partida del peregrino que pasa por ... *azotadas rocas / que mal las ondas lavan / del livor aún purpúreo de las focas* (II, 687-9), el paisaje pierde toda coherencia y da lugar a un climax de violencia y desproporción. El castillo de mármol sobre el escollo ribereño se opone, como hemos visto, al albergue inicial por ser una construcción sobre la naturaleza y contra ella. La disonancia metálica del cuerno de caza fija el tono adecuado: *ronca les salteó trompa sonante* (II, 710). La praxis social, antes ligada a la naturaleza por formas comunitarias o patriarcales, se convierte en una acción hierática. Al final de la procesión de halconería aparece una figura que, por manifestar una autoridad particular, proporciona al poema su tipología culminante: *en modestia civil real grandeza* (II, 812). (Compárese con el navegador jubilado de la *Soledad primera* que informa al peregrino que las serranas *cabo me han hecho:* I, 516.) El aristócrata gallardo da a entender su poder, a la manera del retrato ecuestre del príncipe, por el dominio que ejerce sobre su caballo andaluz. (Se piensa que es un retrato tácito del joven conde de Niebla, el futuro duque de Medina Sidonia, que capitanea la rebelión andaluza de 1640.)

Siguen las escenas de halconería, que hacen contrapunto, por su ubicación paralela y su virtuosismo, con los juegos atléticos de la boda, siendo éstos, a pesar de las figuraciones pindáricas de la capacidad de los atletas, ejercicios sobre el elemento pesado de la tierra, mientras que la halconería apela a la ligereza y la libertad del aire y, por analogía, a los espectáculos marítimos trágicos o potencialmente trágicos que describen el serrano y el viejo pescador. El perro que sin ceremonia había saludado al peregrino en el albergue aparece de nuevo aquí como perro de raza pura; los caballos, los halcones y los cazadores se asemejan al desfilar a un ejército puesto en formación antes de la batalla, *tropa inquieta contra el aire armada* (II, 716). Si la regla inicial de armonía y elegancia se basaba en la capacidad de cooperar con la naturaleza, el tema de las escenas finales es más bien el de la capacidad humana de dominar y explotar los límites naturales. Se enseña a los halcones a cazar y matar, no al servicio de la utilidad, sino para la diversión del príncipe, proporcionando un espectáculo que es *agradable* (II, 936), como el artificio del poema mismo, pero también perverso y suicida. Los halcones descritos minuciosamente resumen la geografía política de Europa y de sus imperios coloniales: *la generosa cetrería, / desde la Mauritania a la Noruega; el gerifalte... honor robusto de Gelanda; el baharí, a quien fue en España cuna; el borní, cuya ala / en los campos tal vez de Meliona* (el Africa); *el azor britano, / tardo, mas generoso* (II, 735-98). Sus batallas aéreas se confunden con la terminología militar y naval: *Rápido al español alado mira / peinar el aire por cardar el vuelo* (II, 833-4); *Auxiliar taladra el aire luego / un duro sacre, en globos no de fuego, / en oblicuos sí engaños* (910-2); *descendió fulminada en poco humo* (916), etc.

Al final de esta violencia acrobática, el peregrino encuentra en la ribera una aldea abandonada:

> *Ruda en esto política, agregados*
> *tan mal ofrece como construidos*
> *bucólicos albergues, si no flacas*
>   *piscatorias barracas,*
> *que pacen campos, que penetran senos,*
>   *de las ondas no menos*
>   *aquéllos perdonados*
> *que de la tierra éstos admitidos* (II, 946-53).

Anteriormente, la imagen del albergue primitivo había conllevado la idea de una unión de civilización con naturaleza; aquí sugiere desolación e incertidumbre. Los habitantes han desaparecido. Sólo permanece un grupo de polluelos protegidos por la gallina —*voz que es trompeta, pluma que es muralla*— contra la rapiña de los halcones que atacan. El conjunto se nos asemeja a una imagen epitáfica de pueblos y campos desolados por la guerra, el colapso económico y la despoblación.

Sin embargo, al final del ciclo de las *Soledades,* no se ha llegado aún a la descripción directa de la corte y el imperio; éstos constituirán la patria trágica del peregrino al «día siguiente». La experiencia histórica de la usurpación y el desastre condiciona tácitamente la forma de las *Soledades.* En la narrativa barroca la obtención de legitimidad implica necesariamente una inmersión en lo *bucólico* que le sirve al príncipe como aprendizaje en las reglas de la prudencia y la virtud. Para gobernar bien su pueblo ha de conocer la capacidad de libertad que éste manifiesta, la extensión y la índole de sus sufrimientos, las alternativas vitales y comunitarias que persisten en el campo. El laberinto geométrico y social de la ciudad le esconde todo esto, de manera que debe abandonarla, junto con su identidad y su clase, para convertirse en «uno de ellos». Hemos visto que en Góngora la edad de oro pastoril ya no es un paisaje fuera de la historia, o sea, un sueño imposible de integridad y naturalidad, sino más bien un paisaje *intra-histórico* (en el sentido de Unamuno), un cuadro que ha de leerse en las paredes de la corte, donde tendrá que ser descifrado su valor redentor como precepto social y moral. «Soledad» y/o «edad de Sol»: el diluvio que abolirá el desorden actual y preparará el retorno a la edad de oro es el poema mismo, que borra los términos normales de la experiencia y nos remite a nuestros orígenes, que atomiza y reforma.

4. Las «Soledades»: ¿obra inacabada o abierta?

Caso que fuera error, me holgara de haber dado
principio a algo; pues es mayor gloria en empezar
una acción que consumarla.

Góngora

Las *Soledades* comparten con la utopía renacentista el deseo de hallar una nueva forma de equilibrio humano, junto con la aceptación de que la obtención de tal condición no puede basarse sólo en la restauración del feudalismo ni en el idealismo arcádico de lo pastoril. La dilatación del *rato* convencional de la églola pastoril significa, como hemos visto, la creación de un tiempo discursivo que es necesario para reformar la conciencia y para repasar detenidamente el espectáculo de la historia, tanto su movimiento como las «alternativas» que imposibilita. En la dedicatoria al duque de Béjar, Góngora se dirige a la clase dirigente de su nación, pidiéndole: *templa en sus ondas tu fatiga ardiente.* El poema empieza inhibiendo la violencia *en crescendo* del partido de caza de Béjar y termina con el *fatal acero* de la halconería, planteando así una elección entre la fraternidad comunitaria de la *Soledad primera* y el cuadro casi épico de guerra y dominio (pero también de agotamiento) al final de la *Soledad segunda.*

Todo lector del poema habrá descubierto que la terminación de la *Soledad segunda* es bastante abrupta, puesto que esperamos que el peregrino halle, como antes, un nuevo albergue y nuevos huéspedes al anochecer, tal vez en el castillo sobre el mar. El poema, por el contrario, se acaba dejándolo abandonado dentro de un barquillo en la ribera, siguiendo su siempre enigmático destino.

Los críticos antigongorinos advirtieron en seguida la anomalía; Faría y Sousa, por ejemplo, acusó al poeta de «una falta de fuerzas, que para concluir las obras le atava e impedía»[22]. Los biógrafos modernos han especu-

---

[23]   Citado en Espinosa Medrano, *Apologético en favor de Don Luis de Góngora,* publicado por Ventura García Calderón en *Revue hispanique,* XXV (1925).

lado que el aparente abandono de la *Soledad segunda* y del plan de cuatro *Soledades* se debía al eclipse de la influencia del poeta en la corte como resultado de la caída del ministerio de Lerma en 1618. Contemporáneamente con la *Soledad segunda,* Góngora elaboraba una biografía panegírica de Lerma. La dejó inconclusa, interrumpiendo la narración de la carrera del privado en 1610, o sea, en el año en que Lerma firmó el pacto de paz con Holanda. Sin embargo, Góngora tenía recursos suficientes para terminar la *Soledad segunda* de manera más o menos concluyente. De hecho existen muchas pruebas para mostrar que no solamente no abandonó su poema, sino que cambió la sección final de la *Soledad segunda* varias veces[24].

Lukács ha comentado que el problema formal de la novela no puede plantearse en términos absolutos porque siempre está ligado a la resolución del problema ético que genera la acción. El final suspenso que da al poema la apariencia de una reliquia o ruina de la forma esperada no es peculiar a las *Soledades.* Góngora tiene una experiencia histórica discontinua y precaria; para él sólo exis-

---

[24] La inclusión del *Panegírico* es, en cierto modo, «estratégica». Jammes observa acertadamente que en concluir la biografía en 1610 «el duque se convierte en una especie de "príncipe de la Paz". Una imagen idílica, por supuesto, pero tanto más reveladora: no expresa una realidad, sino el ideal de Góngora..., que corresponde en el plan político al ideal estético, moral y social que se había expresado en las *Soledades*». *Études,* pág. 306. (Trad. del francés de DJH.) Existen tres etapas del final en los textos originales de la *Soledad segunda.* 1) La versión en la edición de Juan de Vicuña (c. 1627), que termina en el verso 840 del texto corriente: *al viento esgrimían cuchillo vago.* 2) Una versión manuscrita empleada por Pellicer en sus *Lecciones solemnes,* que acaba en el verso 936: *heredado en el último graznido.* 3) La versión en el manuscrito Chacón (c. 1624) —«persuadido por el mismo don Antonio Chacón», según Pellicer—, que añade una coda de 43 versos en que se describe el fin de la halconería y la retirada del partido de caza por la ribera. Dámaso Alonso llegó a la conclusión en su estudio de los textos que «es muy probable que la *Soledad segunda* se fuera haciendo a retazos, y corrigiéndose a retazos también; por lo menos así ocurrió con la última parte». Góngora: *Las Soledades,* ed. de D. Alonso, Madrid, 1935, págs. 351-2, nota 30.

te el fragmento como posibilidad auténtica. Así se explica su atracción por el romance como forma poética desligada de la estructura teleológica de la épica. Su *Angélica y Medoro,* por ejemplo, es una dilatación erótico-lírica de una interrupción en el proceso continuo de guerra que describe la epopeya de Ariosto. Por ende, se acude al final enigmático o subjuntivo del romance lírico tradicional: *el cielo os guarde, si puede, / de las locuras del Conde.* Se trata de una inconclusión estratégica; Góngora sabe que el idilio se aniquilará y que se reanudará el proceso épico de conquista y dominio, pero quiere dejar en la mente de su lector una imagen que pueda contraponerse a la experiencia de un mundo deshecho por el colonialismo y la agresividad sectaria.

¿Qué clase de solución requiere el peregrino de las *Soledades,* quien comparte con Lazarillo y los amantes de la novela bizantina la condición de ser desamparado? Su situación puede concretarse en la descripción que hace Lucien Goldmann de *Phèdre* como «la tragedia de la esperanza de que el hombre pueda vivir en el mundo sin concesiones, esperanzas o avenencias; y la tragedia de reconocer que tal esperanza está condenada al desengaño»[25]. Góngora es a toda costa un escritor esencialmente *realista;* con este fin evita, por un lado, en las *Soledades* el idilio impuesto subjetivamente —la *Ínsula Pastoril*—, pero, por otro, también la concesión ética a la realidad, la degradación moral de Lazarillo. Se da cuenta de que el problema del peregrino debe seguir siendo planteado, pero que él no puede resolverlo dentro del poema, que la solución pide algo creado «afuera» por el lector. El efecto de contractar súbitamente el significante produce (como vemos en los chistes) una *expansión* de lo significado.

Apreciaremos esta estrategia, que en algo se asemeja al «efecto enajenador» de Brecht, si contrastamos el final de la coda de 43 versos que Góngora agregó a la *Soledad*

---

[25]   Lucien Goldmann: *The Hidden God,* Londres, 1964, pág. 376. (Trad. de inglés de DJH.)

segunda para la edición Chacón de *circa* 1624 con el comienzo célebre de la *Soledad primera*. La génesis inicial proyecta el panorama de la naturaleza sobre la infinidad del universo: la superluminosidad del sol y las estrellas, el baile violento de los cuatro elementos, un dinamismo sexual que cunde en el paisaje desde la constelación simbolizadora de Europa y su *mentido robador:* un ambiente de alegría y esplendor, pero también de tumulto: la agonía primaveral del parto, las convulsiones de agua, viento y tierra, un drama de tormenta y naufragio: la promesa de embriaguez sensorial —Dámaso Alonso lo llamó «halago de los sentidos»— y la tentación de la aventura, los viajes a tierras desconocidas, el misterio, el deseo: una cornucopia ilimitada de escenas y aventuras: un comienzo. Antitéticamente, el escenario de la coda Chacón: un fatigado partido de halconería que sigue una ribera ensangrentada hacia una aldea abandonada: imágenes de guerra, de saqueo y de desintegración:

> *A media rienda, en tanto el anhelante*
> *caballo, que el ardiente sudor niega,*
> *en cuantas le densó nieblas su aliento,*
> *a los indignos de ser muros llega*
> *céspedes, de las ovas mal atados.*
> *Aunque ociosos, no menos fatigados,*
> *quejándose venían sobre el guante*
> *los raudos torbellinos de Noruega:*
> *con sordo luego estrépito despliega,*
> *injurias de la luz, horror del viento,*
> *sus alas el testigo que en prolija*
> *desconfianza a la sicana Diosa*
> > *dejó sin dulce hija,*
> *y a la estigia Deidad con bella esposa.* (II, 966-fin.)

La lechuza es Ascálafo, delator de Proserpina. La alusión inicial al rapto de Europa señalaba la primavera; el secuestro de Proserpina por Plutón —*la estigia deidad*— anuncia el descenso o declive del ciclo anual hacia el invierno, o sea, la muerte de la naturaleza. La madre de Proserpina es Ceres, diosa de la agricultura, que se celebra en los coros himeneos de la *Soledad primera*. Sólo puede obligar a Plutón a devolverle su hija bajo la condición de que ésta no haya probado nada en el reino de Hades. Ella, inocentemente, come una granada; Ascálafo la ve y la delata para granjearse la voluntad de su dueño. De allí en adelante ella sólo podrá visitar a su madre una parte del año, para luego volver a la oscuridad y a su matrimonio con la muerte. Su ascenso anunciará la primavera; su descenso, el invierno. Ceres, furiosa, transforma a Ascálafo en una lechuza —pájaro de mal agüero— y aniquila la agricultura de Sicilia, convirtiéndola en un páramo.

Las *Soledades* se encierran dentro del contrapunto de un mito ascendente y otro descendente. Por constituir un idilio de posibilidades humanas, el poema se parece a Europa: encanto, embriaguez y vértigo; pero en cuanto representa la *historia,* debe abandonarse, como Proserpina, a la desesperación y desilusión. Así se contrastan el amanecer y el anochecer, los límites de un día y el trayecto de un imperio, la euforia de la *Soledad primera* y la melancolía de la *Soledad segunda*. La lechuza, sin embargo, simboliza la visión en la oscuridad: el declive de la percepción sensorial de un mundo espacio-temporal y el surgimiento del mundo como ente de razón. Según la metáfora hegeliana, es el «gris sobre gris» de la dialéctica en prosa que como la lechuza de Minerva sobrepasa el crepúsculo de un resplandor poético condenado a extinguirse en el momento en que alcanza sus límites internos y externos. Mallarmé: *je vais voir l'ombre que tu devins* («voy a ver la sombra en la que te convertiste») y el poema como «naufragio» de la poesía, *Un coup de dés*. El efecto del truncamiento que Góngora opera en la *Soledad segunda* consiste en que el lector se aliene del poema y se vea obligado a acabarlo en otra parte y en otro idioma. La obra restante es la creación de un sentido fragmentario de lo hispánico no ligado a una ideología de represión y explotación. Se apela al más allá de una comunidad que los seres humanos sólo pueden crear rebelándose contra las circunstancias que los esclavizan; tal vez por esta razón la escritura latinoamericana lleva la fuerte influencia de Góngora, ya que comparte con las *Soledades* la función de buscar una cultura y una sociedad *posibles* partiendo de la mutilación que el imperialismo ha infligido en sus pueblos. Para Góngora y la España de su época, dicha apelación fue infructuosa; el poeta se retira de nuevo a la noche del exilio y a la sabiduría triste del estoico. Pero la apelación habrá de repetirse, porque en realidad la desaparición del peregrino al final de las *Soledades* nos revela a nosotros mismos en el escenario del presente.

1st soledad - man living in nature, working with nature escaping from power + corruption of court.

Bibliografía selecta

I. *Textos y comentarios principales de las «Soledades»*

1. Manuscritos de las *Soledades* en las Bibliotecas Nacionales de Madrid (Ms. 3795) y de Lisboa (signatura 3: 266). Representan, según Dámaso Alonso, el estado primitivo de las *Soledades,* anterior a la censura que hizo Pedro de Valencia en 1613 de varios pasajes y las enmiendas resultantes. Se pueden consultar en *La primitiva versión de las «Soledades»,* incluida en las ediciones de 1935, 1936 y 1956 del texto preparado por Alonso (ver abajo).

2. CHACÓN, Antonio, Manuscrito Chacón (*c.* 1625-28). Reproducido por Raymond Foulché-Delbosc en *Obras Poéticas de Don Luis de Góngora,* t. II. Nueva York: Hispanic Society of America, 1921 y 1970. Como anotamos en nuestro prefacio, es el texto que representa las *Soledades* en el estado en que Góngora las dejó a su muerte. Se trata, según Foulché-Delbosc, «de un manuscrito de gran lujo, sobre vitela, caligrafiado y con frontis y retrato del poeta hecho a pluma». Fue destinada para la biblioteca particular del Conde-Duque de Olivares; actualmente se conserva en la Biblioteca Nacional de Madrid.

3. LÓPEZ DE VICUÑA, Juan, *Obras en verso del Homero español,* Madrid, Viuda de L. Sánchez, 1627 (aunque no distribuido hasta *c.* 1630, a causa de problemas con la censura inquisitorial). Edición facsímil a cuidado de Dámaso Alonso, Madrid, C.S.I.C., 1963.

4. PELLICER DE SALAS Y TOVAR, José, *Lecciones solemnes a las obras de Don Luis de Góngora,* Madrid, Imprenta del Reino, 1630. Edición facsímil a cuidado de Guido Mancini, de la Universidad de Pisa, Hildesheim y Nueva York, Georg Olms Verlag, 1971.

5. HOCES Y CÓRDOBA, Gonzalo, *Todas las obras de Don Luis de Góngora en varios poemas,* Madrid, Imprenta del Reino, 1633. La versión de mayor difusión en España y la Colonia durante el siglo XVII.

6. SALCEDO CORONEL, José García de, *Las «Soledades» de Don Luis de Góngora comentadas,* Madrid, Imprenta Real, 1636.

7. CASTRO, Alfonso de, texto de las *Soledades* incluido en su colección de *Poesía lírica,* Biblioteca de Autores Españoles, XXXII, Madrid, Rivadeneyra, 1854.

8. ALONSO, Dámaso, *Las Soledades,* Madrid, Revista de Occidente, 1927. Texto modernizado en la ortografía y y puntuación, como anotamos en nuestro prefacio. Ha servido de base para todas las ediciones contemporáneas del poema. Contiene una versión en prosa, hecha a base de los comentarios barrocos. Reeditada en 1935 (Ediciones del Árbol), 1936 (Cruz y Raya) y 1956 (Sociedad de Estudios y Publicaciones), con la adición de una reconstrucción hecha por Alonso de *La primitiva versión de las Soledades.*

9. MILLÉ Y GIMÉNEZ, Isabel y Juan, texto de las *Soledades* en su Góngora, *Obras completas,* 1.ª ed., Madrid, Aguilar, 1943. Sigue esencialmente el texto establecido por Dámaso Alonso.

II. *Estudios*

He codificado las materias que figuran aquí según este esquema:

A. Biografía de Góngora.

B. Estudios generales sobre la obra de Góngora y el gongorismo.

C. Documentos del debate en el siglo XVII sobre las *Soledades.*

D. Estudios sobre las *Soledades* mismas.

E. Estudios sobre el barroco europeo y español que se relacionan con el conocimiento de las *Soledades.*

F. Fondo histórico-ideológico de las *Soledades* y de la literatura de la decadencia española.

He indicado con un asterisco (*) los estudios de mayor interés. Para un conocimiento más amplio de Góngora y su tiempo son imprescindibles los monumentales *Études sur l'oeuvre de Don Luis de Góngora,* del erudito francés Robert Jammes

(1967), aunque no aciertan en su interpreción de las *Soledades* en particular.

*Alonso, Dámaso, *La lengua poética de Góngora,* 1.ª edición 1935, Madrid, 1961 (B).

—* *Estudios y ensayos gongorinos,* Madrid, 1960 (A, B, C, D).

—*Góngora y el «Polifemo»,* 5.ª ed., Madrid, 1967 (B)

Ares Montes, José, «Del otoño del gongorismo», *Revista de Filología Española,* XLIV (1961), págs. 283-322 (B).

Argan, G. Carlo, *The Europe of the Capitals: 1600-1700,* Ginebra, 1964 (E).

Artigas, Miguel, *Don Luis de Góngora y Argote: Biografía y estudio crítico,* Madrid, 1925 (A).

Benassar, Bartolomé, *Valladolid au siècle d'or, une ville de Castille et sa campagne au XVI*ᵉ *siècle,* París, 1967 (F).

*Benjamin, Walter, *Ursprung der deutschen Trauerspiels* (1925), en *Gessamlte Schriften,* I, Frankfurt, 1974 (E).

*Beverley, John, «*Soledad primera,* líneas 1-61», *Modern Language Notes,* 88 (1973), págs. 233-48 (D).

—* «The Language of Contradiction: Aspects of Góngora's *Soledades»,* *Ideologies and Literature,* I, núm. 5 (1978), páginas 28-56 (D, F).

—«Confusion and Construction in the *Soledades»,* *Dispositio,* 9 (1979) (D).

—* *Aspects of Góngora's «Soledades»,* Purdue University, 1979 (D, F).

Carilla, Emilio, «Trayectoria del gongorismo en Hispanoamérica», *Atenea,* CXLII (1961), págs. 110-21 (B).

Carillo y Sotomayor, Luis, *Libro de la erudición poética* (1611), Madrid, 1946 (C).

Casalduero, Joaquín, «Sentido y forma de *Los trabajos de Persiles y Segismunda»,* Buenos Aires, 1947 (E).

Cascales, Francisco, *Cartas filológicas,* Madrid, Clásicos Castellano, 1959 (C).

Castro, Américo, *Hacia Cervantes,* Madrid, 1967 (E, F).

Caudwell, Christopher, *Illusion and Reality: A Study in the Sources of Poetry* (1937), Nueva York, 1967 (E).

Chomsky, Noam, *Lingüística cartesiana,* Madrid, 1972 (E).

Churton, Edward, *Góngora: An Historical and Critical Essay on the Thimes of Philip III and IV of Spain,* Londres, 1862 (A).

*Collard, Andrée, *Nueva poesía: conceptismo, culteranismo en la crítica española,* Madrid, 1967 (C).

CONCHA, Jaime, «Introducción al teatro de Ruiz de Alarcón», *Ideologies and Literature,* II, núm. 9 (1979) (E).

CURTIUS, Robert, *European Literature and the Latin Middle Ages,* Nueva York, 1953 (E).

* CÓRDOBA, Francisco de (Abad de Rute), *Examen del «Antídoto» o apología por las «Soledades» (c.* 1615). Texto en ARTIGAS (C).

* DÍAZ DE RIVAS, Pedro, *Discursos apologéticos por el estylo del «Poliphemo» y «Soledades» (c.* 1615), texto en GATES (C).

DUBOIS, Claude-Gilbert, *Mythe et langage au seizième siècle,* Burdeos, 1970 (E).

ELLIOT, J. H., *Imperial Spain: 1469-1716,* Nueva York, 1966 (F).

— *«Self Perception and Decline in Early Seventeenth-Century Spain», *Past and Present,* 74 (1977), págs. 41-61 (F).

ENTRAMBASAGUAS, Joaquín de, *Estudios y ensayos sobre Góngora y el barroco,* Madrid, 1975 (A, C).

ESPINOSA, Pedro, *Obras,* ed. por Francisco Rodríguez Marín, Madrid, 1909 (C).

*ESPINOSA MEDRANO, Juan de, *Apologético en favor de don Luis de Góngora (c.* 1662), ed. por Ventura García Calderón en *Revue Hispanique,* LXV (1925) (C).

FOUCAULT, Michel, *Les mots et les choses; une archéologie des sciences humaines,* París, 1966 (E).

GAOS, Vicente, *Temas y problemas de la literatura española,* Madrid, 1959 (B).

GARCÍA LORCA, Federico, «La imagen poética de Góngora», en *Obras completas,* Madrid, 1966 (B). Original en *Residencia,* 4 (1932), págs. 94-100.

*GATES, Eunice Joiner, *Documentos gongorinos,* México, 1960 (C).

GENETTE, Gérard, *Figures,* París, 1966 (E).
—*Figures II,* París, 1969 (E).

GESKE, Rudolf, *Góngora's Warnrede im Zeichen der Hekate,* Berlín, 1964 (D).

GLENDINNING, Nigel, «La fortuna de Góngora en el siglo XVIII». *Revista de Filología Española,* XLIV (1961), páginas 323-49 (B).

GOIC, Cedomil, «Góngora y la retórica manierista de la dificultad docta», *Atenea,* CXLII (1961), págs. 168-78 (C).

*GOLDMANN, Lucien, *Le dieu caché,* París, 1955 (E, F).

*GONZÁLEZ DE CELLÓRIGO, Martín, *Memorial de la política necesaria y útil restauración de la república de España,* Valladolid, 1600 (F).

GRACIÁN, Baltasar, *Agudeza y arte de ingenio,* en *Obras completas,* Madrid, 1960 (C).

GUILLÉN, Claudio, *Literature as System,* Princeton University, 1971 (E).

GUILLÉN, Jorge, *Language and Poetry,* Harvard University, 1961 (B).

HART, Thomas, «The Pilgrim's Role in the First *Solitude*», *Modern Language Notes,* 92 (1977), págs. 213-26 (D).

HATZFELD, Helmut, *Estudios sobre el barroco,* Madrid, 1964 (D, E).

*HOBSBAWM, Eric, «The General Crisis of the European Economy in the Seventeenth Century», *Past and Present,* números 5 y 6 (1954), págs. 33-53 y 44-65 (F).

*JAMMES, Robert, *Études sur l'oeuvre poétique de Don Luis de Góngora,* Burdeos, 1967 (A, B, D, F).

*JÁUREGUI, Juan de, *Antídoto a la pestilente poesía de las «Soledades»* (1614). Texto en GATES (C).

*JONES, Royston O., «The Poetic Unity of the *Soledades* of Góngora», *Bulletin of Hispanic Studies,* XXXI (1954), páginas 189-204 (D).

—*«Neoplatonism and the *Soledades*», *Bulletin of Hispanic Studies,* XL (1963) págs. 1-16 (D).

—«Góngora and Neoplatonism Again», *Bulletin of Hispanic Studies,* XLIII (1966), págs. 117-20 (D).

—*Poems of Góngora,* Cambridge University, 1966 (B, D).

—«Poets and Peasants», en A. David Kossoff and José Amor y Vázquez (eds.), *Homenaje a William L. Fichter,* Madrid, 1971 (D, F).

*LEZAMA LIMA, José, *Esferaimagen,* Barcelona, 1970 (B, D).

* LIDA DE MALKIEL, María Rosa, «El hilo narrativo de las *Soledades*», *Boletín de la Academia Argentina de Letras,* XXVI (1961), págs. 349-59 (D).

*LUKÁCS, Georg, *Teoría de la novela,* traducido por M. Sacristán, Barcelona, 1966 (E).

MACRÍ, Oreste, *Fernando de Herrera,* Madrid, 1959 (E).

MARAVALL, José Antonio, *Teatro y literatura en la sociedad Barroca,* Madrid, 1972 (E, F).

—*La cultura del barroco,* Barcelona, 1975 (E, F).

*MARTÍNEZ ARANCÓN, Ana, *La batalla en torno a Góngora,* Barcelona, 1978 (C).

MAZZARINO, Santo, *La fine del mondo antico,* Milán, 1959 (E, F).

* MOLHO, Maurice, *Sémantique et poétique: à propos des «Solitudes» de Góngora,* Burdeos, 1969 (D).

MUMFORD, Lewis, *The Culture of the Cities,* Nueva York, 1938 (F).

MUÑOZ G., L., «Estructura de las *Soledades», Atenea,* CXLII (1961), págs. 179-201 (D).

OROZCO DÍAZ, Emilio, «Espíritu y vida en la creación de las *Soledades* gongorinas», *Papeles de Son Armadans,* LXXXVII (1963), págs. 226-52 (A, D).

—*Lope y Góngora frente a frente,* Madrid, 1973 (C).

PABST, Walter, *La creación gongorina en los poemas «Polifemo» y «Soledades»,* Madrid, 1966 (B, D). Original en alemán, 1930.

* PAIEWONSKY CONDE, Edgar, «Góngora y la visión del mundo como posibilidad», *Cuadernos hispanoamericanos,* 202 (1966), páginas 62-88.

PARKER, Alex, A., *Polyphemus and Galatea: A Study in the Interpretation of a Baroque Poem,* Austin, 1977 (B, C).

PÉREZ, Joseph, «Litterature et société dans l'Espagne du Siècle d'Or», *Bulletin hispanique,* LXX (1968), págs. 548-67 (E, F).

REYES, Alfonso, *Cuestiones gongorinas,* Madrid, 1927 (B).

RIVERS, Elías, «El conceptismo del *Polifemo», Atenea,* CXLII (1961), págs. 102-109 (B).

—*«The Pastoral Paradox of Natural Arts», Modern Language Notes,* 77 (1962), págs. 144-50 (B).

SALINAS, Pedro, *Ensayos de literatura hispánica,* Madrid, 1968 (B).

SALOMON, Nöel, *La campagne de Nouvelle Castille à la fin du XVIe siècle,* París, 1964 (F).

—*Recherches sur le thème paysan dans la «comedia» au temps de Lope de Vega,* Burdeos, 1967 (E, F).

SMITH, C. Colin, «On the Use of Spanish Theoretical Works in the Debate on Gongorism», *Bulletin of Hispanic Studies,* XXXIX (1962), págs. 165-76 (C).

—«An Approach to Góngora's Polifemo», *Bulletin of Hispanic Studies,* XLII (1965), págs. 217-38 (B).

SPITZER, Leo, «Zu Góngora's *Soledades», Volkstum und Kultur der Romanen,* II (1929), págs. 240-60 (D).

—*«La Soledad primera de Góngora: notas críticas y explicativas a la nueva edición de Dámaso Alonso», Revista de filología hispánica,* II (1940), págs. 151-76 (D).

* VALENCIA, Pedro de, «Carta a don Luis de Góngora en censura de sus poesías» (1613), en Millé y Giménez (eds.), Góngora, *Obras completas,* «epistolario», Madrid, 1961 (C).

VICÉNS VIVES, Jaime, *Manual de historia económica de España,* 4.ª ed., Barcelona, 1965 (F).

* VILANOVA, Antonio, «El peregrino de amor en las *Soledades* de Góngora», en *Estudios dedicados a Menéndez Pidal,* tomo III, Madrid, 1952, págs. 421-60 (D).

—«Preceptistas españoles de los siglos XVI y XVII», en Guillermo Díaz-Plaja (ed.), *Historia general de las literaturas hispánicas,* t. III, Madrid, 1953, págs. 281-580 (C).

—*Las fuentes y los temás del «Polifemo» de Góngora,* t. I, Madrid, 1957 (B, E).

VILAR, Jean, *Literatura y economía,* Madrid, 1973 (E, F).

*VILAR, Pierre, *Crecimiento y desarrollo: reflexiones sobre el caso español,* Barcelona, 1964 (F).

VOSSLER, Kurt, *La soledad en la poesía española,* Madrid, 1941 (D, E).

—*La poesía de la soledad en España,* Buenos Aires, 1946 (D, E).

WALEY, Peter, «Some Uses of Classical Mythology in the *Soledades* of Góngora», *Bulletin of Hispanic Studies,* XXXVI (1959), págs. 193-209 (D).

* WARDROPPER, Bruce, «The Complexity of the Simple in Góngora's *Soledad primera», The Journal of Medieval and Renaissance Studies,* 7 (1977), págs. 35-51 (D).

* WICKERSHAM-CRAWFORD, J. P., «The Setting of Góngora's *Las Soledades», Hispanic Review,* III (1939), páginas 347-349 (D).

*WOODWARD, L. J., «Two Images in the *Soledades* of Góngora», *Modern Language Notes,* LXXVI (1961), páginas 773-785 (D).

Soledades

SOLEDADES
DE D. LVIS DE GONGORA.
Comentadas por D. GARCIA DE
SALZEDO CORONEL. Cavallerizo del
Ser.mo Infante Car.l y Capitan de la Guarda
del Ex.mo Duque de Alcala Virrey de Napoles.
DEDICADAS
Al Ill.mo y Nobilisimo S.r D. IVAN DE
CHAVES Y MENDOZA. Cavallero del
Abito de Santiago Marques de Santa
Cruz de la Sierra Conde de la Cal-
çada de los Consejos Real y de la Ca-
mara y Presidente della Orden.
En Madrid en la Imprenta Real
Con Privilegio

[handwritten:] Todos estos verso, dictados por / una dulce musa, pasos de un / peregrino errante son, perdidos / unos —

DEDICATORIA

al Duque de Béjar

Pasos de un peregrino son errante
cuantos me dictó versos dulce Musa,
    en soledad confusa,
perdidos unos, otros inspirados.   *[handwritten:] dardos / lanzas / cortas*
5 ¡Ô tú que, de venablos impedido, *javelin*
  [handwritten: Fir] muros de abeto, almenas de diamante, *battlements*
  bates los montes, que de nieve armados,

[handwritten:] STRIDES THE MOUNTAINS (LIKE CASTLES OF PINE / (w) DIAMOND BATTLEMENTS — SNOW/ICE)

1-4 Proposición del poema, que será una *soledad confusa* (*soledad* espiritual del poeta / peregrino, cuyos *pasos* se pierden en la *soledad* o «selva» de los *versos* que forman la *silva* poética). «*Pasos* dice que son de un *peregrino* sus números, perdidos en la soledad los pasos, y en soledad dictados los versos» (Pellicer). «¿Pero no es cosa sabida que Góngora se pone en escena siempre como peregrino abandonado de todo el mundo?» (Leo Spitzer.)

5 *Ô tú:* el Duque de Béjar, don Alonso Diego López de Zúñiga Sotomayor, pariente de los Medina Sidonia y Ayamonte, protectores de Góngora. Cervantes le dedica la primera parte del *Quijote* «en fe de buen acogimiento y honra que hace Vuestra Excelencia a toda suerte de libros, como príncipe tan inclinado a favorecer las buenas artes, mayormente las que por su nobleza no se abaten al servicio y granjería del vulgo...» Como en el caso de Góngora es la petición de un hidalgo *declasado* a un *grande,* pidiéndole elevación por la calidad de la invención artística.

Gigantes de cristal los teme el cielo;
donde el cuerno, del Eco repetido,
10   fieras te expone, que al teñido suelo
muertas pidiendo términos disformes,
espumoso coral le dan al Tormes:
Arrima a un fresno el freno, cuyo acero
sangre sudando en tiempo hará breve
15   purpürëar la nieve,
y en cuanto da el solícito montero,
al duro robre, al pino levantado,
émulos vividores de las peñas,
las formidables señas
20   del oso que aun besaba, atravesado,
la asta de tu luciente jabalina,
o lo sagrado supla de la encina
lo Augusto del dosel, o de la fuente
la alta cenefa lo majestüoso
25   del sitial a tu Deidad debido,
¡Ô Duque esclarecido!
templa en sus ondas tu fatiga ardiente,
y entregados tus miembros al reposo
sosbre el de grama césped no desnudo,
30   déjate un rato hallar del pie acertado
que sus errantes pasos ha votado
a la Rëal cadena de tu escudo.
Honre süave, generoso nudo,
Libertad de Fortuna perseguida;

8 *gigantes de cristal:* las montañas de la finca del Duque son en el invierno como los Titanes, hijos de la tierra, que se rebelaron contra Júpiter, dios del cielo.

13 *Arrima... fresno:* arrima a un fresno el fresno del venablo.

16-21 «En tanto que sus monteros cuelgan en los robles y en los pinos... la cabeza del oso, que aun atravesado con la jabalina, la besaba alegre o soberbio de peligrar a tales manos» (Pellicer).

30-32 *pie acertado* (del peregrino, de los versos). «Llama acertado el pie, porque se votó a la cadena, que el Duque tiene por armas» (Pellicer).

33-34 *generoso nudo:* de la *Rëal cadena. Libertad de Fortuna perseguida:* una descripción de la situación exiliada de Góngora y de su peregrino, que aspiran a través del poema encontrar reconciliación con el poder y apoyo.

35 que a tu piedad Euterpe agradecida,
su canoro dará dulce instrumento,
cuando la Fama no su trompa al viento.

[handwritten annotations:]

melodious

DISLOCATION OF SYNTAX

IF THE DUKE HONOURS (METONOMY) POETRY
WILL OUTLIVE FAME - HE WILL BE
REMEMBERED AS THE PATRON OF GÓNGORA
LONGER THAN HE WILL BE AS THE DUKE.

FAMA - COMMON IMAGE OF FAME = WOMAN
PLAYING A TRUMPET.

FAME WILL STOP PLAYING → DELAY OF EVENTS
→ LEAVES IMPRESSION OF DISSOLUTION,
EMPTINESS

BEGINS WITH PRAISING, ENDS BY DISPERSION.

---

35 *Euterpe:* la *dulce Musa* de la proposición, inspiración de la poesía pastoril, musa *del dulce instrumento* o zampoña (flauta de caña).

37 *Fama... trompa:* «queriendo decir: No necesitan tus acciones la sonora trompa de la Fama, pues cuando ella calle envidiosa, la voz dulce de mis canoros versos hará inmortal tu memoria» (Salcedo Coronel). La *trompa* es el signo de la poesía épica; es decir, Góngora pretende escribir un poema pastoril que iguale o exceda la alteza de la épica. Como señaló R. O. Jones, las *Soledades* son «poema pastoril antiimperialista».

Giorgione, *Escena pastoral* (Bérgamo. Academia Carrara).

Sapphire

MOZO (garçon)

SOLEDAD PRIMERA

TIME OF YEAR = APRIL TAURUS = ZODIAC SIGN — BUT REPLACES JUPITER WHO STOLE EUROPA

Era del año la estación florida
en que el mentido robador de Europa
(media luna las armas de su frente,
y el Sol todos los rayos de su pelo),
    luciente honor del cielo,
en campos de zafiro pace estrellas,
cuando el que ministrar podía la copa
a Júpiter mejor que el garzón de Ida,
náufrago, y desdeñado sobre ausente
lagrimosas de amor dulces querellas

10

STRANGE FOR BULL TO HAVE HAIR LIKE THE SUNS RAYS.

STARS CROPPED OUT TO GRAZE IN HEAVEN.

CUP BEARER OF JUPITER

SHIPWRECKED FROM LOVE

ATTEMPTING TO CAPTURE THE MYSTERY + MAGIC OF PICTURES WE MAKE IN SKY - ASTROLOGY ETC.

Soledad primera: soledad es tanto la forma poética —es decir, el *canto* primero— como el sitio de la acción —es decir, «la soledad de los campos» (Pellicer) o poema *pastorial*—. La *Soledad segunda* es, por tanto, «soledad de las riberas», o poema *piscatorio*.

1-175   *Primer día* (Naufragio) llega el peregrino a una playa desconocida: sigue en las tinieblas una *breve luz* que le conduce a un albergue, donde es hospedado: discurso pastoril: descanso. Esta primera unidad del poema alegoriza la transición del estado de la naturaleza (la tormenta) al estado de cultura (el albergue), es decir, de la *confusión* (la violación de Europa) a la *cortesía* primitiva de los cabreros.

1-14   Es Abril, la *estación florida* en que el sol entra en la constelación sideral de Tauro. El *mentido robador* es Júpiter, que toma la forma del toro para violar a Europa. Así sus cuernos parecen (son) la luna; su cuerpo, el sol. (La presencia simultánea de sol y luna en el *zarifo* celestial indica que el poema comienza en el atardecer.) Cf. Camoes (*Lusiadas*, II, 72): *Era no tempo alegre, quando entrava / no robador de*

75

PILGRIM WASHED ASHORE + SAVED BY MUSIC

el mar
está condolido (sympathetic)

ARIÓN CAST OVERBOARD + RESCUED BY A DOLPHIN.

da al mar; que condolido,
fué a las ondas, fué al viento
el mísero gemido, PARALLELS ARIONS INSTRUMENT.
segundo de Arión dulce instrumento.

15 Del siempre en la montaña opuesto pino HERE A PLANK OF WOOD SAVES HIM.
al enemigo Noto,
piadoso miembro roto,
breve tabla Delfín no fué pequeño
al inconsiderado peregrino,
20 que a una Libia de ondas su camino
fió, y su vida a un leño. COMPARISON TO CHRIST ON CROSS.
Del Océano pues antes sorbido,
y luego vomitado JONAH. EVOCATIONS OF LIFE, DEATH, SALVATION.

PILGRIM ASHORE AT BOTTOM OF CLIFF.
no lejos de un escollo coronado
25 de secos juncos, de calientes plumas,
alga todo y espumas, EAGLES NEST

reef / cliff

Europa a la luz febea, / quando um e otro corno / he aquentava. La redacción original del poema tiene el verso 6 *en dehesas azules pace estrellas.* El *garzón de Ida* con que se compara el peregrino es Ganimedes, *el puer* latino, objeto del amor homosexual de Júpiter, que toma la forma del águila para raptarle (cf. *de Júpiter el ave* en v. 28). Arión significa como Orfeo el poeta lírico *de fortuna perseguido.* Hijo del Polifemo, se hizo rico y famoso por su gracia lírica. Volviendo a su isla natal en un barco, fue arrojado al mar por los tripulantes que querían apoderarse de su tesoro. El *gemido* del peregrino es, como la lira de Arión, un *dulce instrumento* que solicita la ayuda de la diosa del Amor, Venus.

15-18 Es decir, *Breve tabla* (un pedazo del navío roto), *piadoso miembro roto del pino siempre opuesto en la montaña al enemigo Noto* (el Austro, o viento sur del Adriático), *fue delfín no pequeño.* Un delfín (animal de Venus), atraído por el son del canto de Arión, le salvó del mar, tomándole sobre su lomo y conduciéndole hasta una playa cercana.

20 *Libia de ondas:* correspondencia típicamente gongorina: mar (exceso de agua) = desierto (escasez de agua), ambos extremos peligrosos para un peregrino *inconsiderado,* es decir, atrevido y desesperado.

25-26 *plumas… espumas:* la rima «pluma-espuma», muy repetida en el poema, constituye una especie de emblema lingüístico para Venus, como denuncia la octava final de esta *Soledad: bien previno la hija de la espuma / a batallas de amor campo de pluma.* Venus es *hija de la espuma* porque su nombre griego, Afrodita, significa *aphrogeneia*, «nacida de la espuma». Por eso se identifica con el mar; es la *mater genetrix,* la matriz. Si Júpiter (el padre de Venus) significa la violencia del

halló hospitalidad donde halló nido
    de Júpiter el ave.
Besa la arena, y de la rota nave
30   aquella parte poca
que le expuso en la playa dió a la roca;
    que aun se dejan las peñas
lisonjëar de agradecidas señas.

Desnudo el joven, cuanto ya el vestido
35   Océano ha bebido,
restituir le hace a las arenas;
    y al Sol lo extiende lúego,
    que lamiéndolo apenas
su dulce lengua de templado fuego,
40 lento lo embiste, y con süave estilo
la menor onda chupa al menor hilo.

No bien pues de su luz los horizontes,
que hacían desigual, confusamente,
montes de agua y piélagos de montes,

poderío masculino —la fuerza anárquica de la pura energía natural—,
Venus, al contrario, representa la armonización de la naturaleza, el
amor. Por eso, es en *De rerum natura,* de Lucrecio, la fuerza que con-
duce el baile atómico del caos a la apariciencia de la conciencia y so-
ciedad humanas. Cabe añadir que «pluma-espuma» es támbien una
metonimia por el poema mismo (acto de humanizar y suavizar la *sole-
dad* del *mísero peregrino):* pluma = escritura / espuma = página blan-
ca). Cf. II, 137-143:

> «Audaz mi pensamiento
> el cenit escaló, plumas vestido,
> cuyo vuelo atrevido,
> si no ha dado su nombre a tus espumas,
> de sus vestidas plumas
> conservarán el desvanecimiento
> los anales diáfanos del viento.»

29-42 *Besa la arena,* etc.: «Ceremonias de los huéspedes quando es-
capan del naufragio» (Pellicer). El peregrino, que ha sido *objeto* de las
acciones verbales hasta este punto, comienza casi como en un rito el
movimiento teológico de sus *pasos.* El sol «lame» (seca) su ropa porque
es Júpiter-Taurus, el toro celestial.

45   desdorados los siente,
cuando entregado el mísero extranjero
en lo que ya del mar redimió fiero,
entre espinas crepúsculos pisando,
riscos que aun igualara mal volando
50   veloz, intrépida ala,
menos cansado que confuso, escala.
        Vencida al fin la cumbre
        del mar siempre sonante,
        de la muda campaña,
55   árbitro igual e inexpugnable muro,
        con pie ya más seguro
        declina al vacilante
breve esplendor del mal distinta lumbre,
        farol de una cabaña
60   que sobre el ferro está en aquel incierto
golfo de sombras anunciando el puerto.
        «Rayos, les dice, ya que no de Leda
trémulos hijos, sed de mi fortuna
término luminoso.» Y recelando
65   de invidïosa bárbara arboleda
        interposición, cuando
de vientos no conjuración alguna,
        cual haciendo el villano
la fragosa montaña fácil llano,
70   atento sigue aquella
        (aun a pesar de las tinieblas bella,

---

48   *entre espinas crepúsculos pisando:* cf. *Polifemo* (est. 9): *pisando la dudosa luz del día.* Mientras el peregino *escala,* el Sol va caminando al ocaso, haciendo así *confuso* al paisaje.

59-61   *farol… puerto:* «Tomó don Luis aquí la translación de la nave, que después de una tormenta en llegando arroja el *ferro*… Enciéndese en la gavia el farol, para que acudan los demás leños al puerto. Así la *cabaña*… en aquel mar de sombras» (Pellicer).

62-64   *Rayos… luminoso.* La *breve luz* promete un *término* (protección) porque es como el llamado fuego de Santelmo, el cual, en la superstición marítima, indicaba la presencia providencial de los gemelos Cástor y Pólux, hijos de Leda y Júpiter.

68-76   *cual sigue… indigno Tiara… de animal tenebroso,* etcétera: Pellicer creyó que el *animal* era un lobo, opinión de la cual se burló Salcedo Coronel. Podía ser cualquier animal nocturno que parece tener

78

aun a pesar de las estrellas clara)
Piedra, indigna Tiara,
si tradición apócrifa no miente,

75 de animal tenebroso, cuya frente
carro es brillante de nocturno día:
tal diligente el paso
el joven apresura,
midiendo la espesura

80 con igual pie que el raso,
fijo, a despecho de la niebla fría,
en el carbunclo, Norte de su aguja,
o el Austro brame, o la arboleda cruja.
El can ya vigilante

85 convoca, despidiendo al caminante,
y la que desviada
luz poca pareció, tanta es vecina,
que yace en ella robusta encina,
mariposa en cenizas desatada.

90 Llegó pues el mancebo, y saludado,
sin ambición, sin pompa de palabras,
de los conducidores fué de cabras,
que a Vulcano tenían coronado:
«¡Ô bienaventurado

95 albergue a cualquier hora,
templo de Pales, alquería de Flora!
No moderno artificio

ojos brillantes *(Tiara)*. Así, la frente del animal es «como un brillante carro "del día nocturno", es decir, de un sol nocturno, de un sol que alumbrara de noche y no de día» (Alonso).

84-89 «Llegando vio, que la que desde lejos le avía parecido *breve esplendor,* luz poca, era una robusta encina, que como la mariposa al fuego se estaba haziendo ceniza» (Pellicer).

94 *Vulcano:* dios del fuego y la hoguera, patrón de los que trabajan el hierro, y marido de Venus. Si Júpiter, como *mentido robador,* representaba la energía libre, Vulcano representa aquí la *domesticación* de la naturaleza por el trabajo.

95-97 *bienaventurado albergue....:* variación del *topos* horaciano sobre la virtud de la vida pastoril: *Beatus ille qui procul negotius.* Pales es diosa de los pastores; Flora, de los jardines.

79

borró designios, bosquejó modelos,
al cóncavo ajustando de los cielos

100   el sublime edificio;
       retamas sobre robre
       tu fábrica son pobre,
       do guarda, en vez de acero,
105   la inocencia al cabrero
       más que el silbo al ganado.
       ¡Ô bienaventurado
       albergue a cualquier hora!

       »No en ti la ambición mora
110   hidrópica de viento,
       ni la que su alimento
       el áspid es Gitano;
       no la que, en vulto comenzando humano,
       acaba en mortal fiera,
       Esfinge bachillera,
       que hace hoy a Narciso
       ecos solicitar, desdeñar fuentes;
       ni la que en salvas gasta impertinentes
115   la pólvora del tiempo más preciso
       ceremonia profana,

98-100 *No moderno artificio:* «Lo primero que pondera de la cabaña es que no está labrada costosamente, ni para su fábrica los architectos hizieron diseños esquicios» (Pellicer). Una de la serie de imágenes en que Góngora opone valores de uso (la medianía pastoril) a valores de lujo cortesano.

108-9 *ambición... hidrópica del viento:* como alguien que sufre de la hidropesía; es decir, con sed (vanidad) insaciable.

111 *áspid... Gitano:* «porque los Egypcios pintavan el *Áspid* para significar la embidia» (Pellicer).

112-16 *Esfinge bachillera:* la belleza destructora. La esfinge tiene cuerpo de perro, pies de león, alas y el rostro y la voz de mujer. ¿Alegoría de los amores cortesanos que hacen al Narciso moderno (el cortesano) solicitar vanidades y desdeñar las fuentes de la verdad? El peregrino huye la presencia de una *enemiga amada* en la corte (ver II, 116-71).

117-19 *Ni la ceremonia profana que en salvas* (como las de artillería) *impertinentes gasta la pólvora del tiempo más preciso.* Se refiere a la *ceremonia* de los quehaceres cortesanos.

80

120   que la sinceridad burla villana
        sobre el corvo cayado.
        ¡Ô bienaventurado
        albergue a cualquier hora!

        »Tus umbrales ignora
125   la adulación, Sirena
     del de Rëales Palacios, cuya arena
        besó ya tanto leño:
     trofeos dulces de un canoro sueño.
     No a la soberbia está aquí la mentira
130   dorándole los pies, en cuanto gira
        la esfera de sus plumas,
     ni de los rayos baja a las espumas
        favor de cera alado.
        ¡Ô bienaventurado
135   albergue a cualquier hora!»

     No pues de aquella sierra, engendradora
     más de fierezas que de cortesía,
        la gente parecía
        que hospedó al forastero
140   con pecho igual de aquel candor primero,
        que en las selvas contento,
     tienda el fresno le dió, el robre alimento.
     Limpio sayal, en vez de blanco lino,
        cubrió el cuadrado pino,

124-27 «Toma la alusión don Luis de los navíos que peligravan a la música de las Sirenas, adormecidos los passageros de su canto, esso es ser *trofeos del sueño canoro besando la arena*» (Pellicer).

129-33 *dorándole los pies,* etc.: al pavo real; es decir, adular al poderoso, al privado, mientras ostenta su poder, adulación que hace del cortesano un nuevo Ícaro, que en ostentando sus propias «plumas» corre el peligro de caer en un desastre.

140-41 *aquel candor primero:* los cabreros y su modo de vida recuerdan el mito de la Edad de Oro, cuando reinaba la igualdad y la generosidad (imagen del comunismo primitivo). Góngora sigue en esta parte del poema la iconografía de la Edad de Oro establecido por Ovidio en sus *Metamorfosis (lib. I)*.

143-48 *limpio sayal... blanco lino:* se contrapone una tela y una copa de elaboración rústica al *lino y adorno* de las mesas aristocráticas.

y en boj, aunque rebelde, a quien el torno
forma elegante dió sin culto adorno,
leche que exprimir vió la Alba aquel día
145 mientras perdían con ella
los blancos lilios de su Frente bella,
150 gruesa le dan y fría,
impenetrable casi a la cuchara,
del sabio Alcimedón invención rara.
El que de cabras fué dos veces ciento
esposo casi un lustro (cuyo diente
155 no perdonó a racimo, aun en la frente
de Baco, cuanto más en su sarmiento,
triunfador siempre de celosas lides,
lo coronó el Amor; mas rival tierno,
breve de barba y duro no de cuerno,
160 redimió con su muerte tantas vides),
servido ya en cecina,
purpúreos hilos es de grana fina.
Sobre corchos después, más regalado
sueño le solicitan pieles blandas,
165 que al Príncipe entre Holandas,

Los versos 144-47 figuran así en la primitiva versión criticada por
Pedro de Valencia:

y no con más adorno,
en box, que aun descubrir le quiero el torno,
el corazón, no acaso
por absorberle escrúpulos al vaso.

152 *Alcimedón:* el inventor del vaso, según Virgilio en sus *Églo-
gas* (3), no de la *cuchara* como se suele leer. El ms. Chacón, seguido
por D. Alonso, aquí trae *viejo Alcimedón;* prefiero *sabio Alcimedón,*
versión que se encuentra en algunos de los manuscritos tempranos del
poema.

153-62 Alegoría burlesca. El macho cabrío —todo vigor y
apetito— acaba como trozo de cecina servido al peregrino. «Se trata
aquí de un juego puramente intelectual de relaciones percibidas entre la
carne y el animal», observó Leo Spitzer. Un *lustro* es cinco años. El
macho es tan goloso que quiere comer hasta los racimos que coronan la
frente de Baco; un *rival tierno,* es decir, un cabrón joven le vence.

163-75 El peregrino duerme mejor en esta cuasi-Arcadia sobre
corchos y *pieles* que el príncipe con sus sábanas de Holanda, decoradas

púrpura Tyria o Milanés brocado.
No de humosos vinos agravado
es Sísifo en la cuesta, si en la cumbre
de ponderosa vana pesadumbre
170 es, cuanto más despierto, más burlado.
De trompa militar no, o destemplado
son de cajas fué el sueño interrumpido;
de can sí embravecido
contra la seca hoja
175 que el viento repeló a alguna coscoja.

Durmió, y recuerda al fin cuando las aves,
esquilas dulces de sonora pluma,
señas dieron süaves
Del Alba al Sol, que el pabellón de espuma
180 dejó, y en su carroza
rayó el verde obelisco de la choza.

Agradecido pues el peregrino,
deja el albergue, y sale acompañado
de quien lo lleva donde levantado,

---

con púrpura o brocado milanés. Se contraponen así un simulacro de la
Edad de Oro (el comunismo primitivo) y un modo de vida basado en
valores de cambio (el mercantilismo). Por eso, el peregrino no será otro
Sísifo, soñando insaciablemente riquezas; como en el albergue reina la
paz a causa de la igualdad de condición, su sueño no será interrumpido
por *trompa militar,* etc. El ms. Chacón da por el verso 171-72 *o de
templado / son de cajas,* pero esto no tiene el sentido propio.

176 *Durmió, y recuerda al fin...:* el sueño del peregrino se confun-
de con el canto de los pájaros que anuncia el amanecer y el comienzo
del segundo día. Efecto característico de la construcción gongorina que
siempre tiende a «disolver» las unidades estructurales en un flujo
diacrónico.

176-700 *Segundo día* (Anábasis). Sale del albergue: meditación
sobre un río y unas ruinas, símbolos del curso del tiempo: se reúne
con una procesión de serranos que van a unas bodas: un serrano
relata la historia de su participación en la Conquista (épica trágica
en miniatura): llegan a la aldea: fuegos de artificio y fiesta noctur-
na: descanso.

lo lleva hasta donde un escollo... mira la campaña

185   distante pocos pasos del camino,
      imperïoso mira la campaña
      un escollo, apacible galería,
      que festivo teatro fué algún día *pisaron*
      de cuantos pisan Faunos la montaña.
190   Llegó, y a vista tanta
      obedeciendo la dudosa planta, *Mata (bush)*
      inmóvil se quedó sobre un lentisco,
      verde balcón del agradable risco.

      Si mucho poco mapa le despliega,
195   mucho es más lo que, nieblas desatando,
      confunde el Sol y la distancia niega.
      Muda la admiración habla callando,
      y ciega un río sigue, que luciente
            de aquellos montes hijo,

187, 188, 193   *galería, teatro, balcón:* ejemplos de cómo Góngora
suele «urbanizar» la naturaleza primitiva de las *Soledades.*

197-211   Período censurado por Pedro de Valencia. La versión origi-
nal, reconstruida por D. Alonso, lee así (en el verso 6 doy *a la boca,*
versión de los manuscritos, en vez de *a la Aurora,* versión de Chacón y
Pellicer):

      1   Muda la admiración, habla callando,
      2   y ciega, un río sigue, que luciente
      3   de aquellos montes hijo,
      4   con torcido discurso, si prolijo,
      5   tiraniza sus campos útilmente;
      6   orladas sus orillas de frutales,
      7   si de flores, tomadas, no, a la boca,
      8   derecho corre mientras no revoca
      9   los mismos autos el de sus cristales;
      10 huye un trecho de sí, y se alcanza luego;
      11 desvíase, y buscando sus desvíos,
      12 errores dulces, dulces desvaríos
      13 hacen sus aguas con lascivo juego;
      14 engarzando edificios en su plata,
      15 de quintas coronados se dilata
      16 majestuosamente,
      17 en brazos dividido caudalosos
      18 de islas, que paréntesis frondosos
      19 al período son de su corriente,
      20 de la alta gruta donde se desata
      21 hasta los jaspes líquidos, adonde
      22 su orgullo pierde y su memoria esconde.

200   con torcido discurso, aunque prolijo,
       tiraniza los campos útilmente;
       orladas sus orillas de frutales,
       quiere la Copia que su cuerno sea
       (si al animal armaron de Amaltea
205   diáfanos cristales);
       engazando edificios en su plata,
       de muros se corona,
       rocas abraza, islas aprisiona,
       de la alta gruta donde se desata
210   hasta los jaspes líquidos, adonde
       su orgullo pierde y su memoria esconde.
       «Aquéllas que los árboles apenas
       dejan ser torres hoy, dijo el cabrero
       con muestras de dolor extraordinarias,
215   las estrellas nocturnas luminarias
       eran de sus almenas,
       cuando el que ves sayal fué limpio acero.
       Yacen ahora, y sus desnudas piedras
       visten piadosas yedras:
220   que a rüinas y a estragos
       sabe el tiempo hacer verdes halagos.»

       Con gusto el joven y atención le oía,
       cuando torrente de armas y de perros,

Recuérdase Gracián *(Criticón)*: «el curso de tu vida en un discurso»;
o la figura que encierra el *Finnegan's Wake* de James Joyce: «river run
past Eve and Adam». Góngora propone hacer un *mapa* (texto) de la es-
cena; así el río se identifica con su medio de imitación, la estructura de
la frase verbal *(torcido discurso)*. El río *tiraniza útilmente* porque ferti-
liza los campos. El *animal de Amaltea* es la cabra que da de mamar al
infante Júpiter, cuyo cuerno es la Cornucopia; *si al animal... diáfanos
cristales:* si las aguas torcidas y cristalinas del río son como los cuernos
de Amaltea. *Los jaspes líquidos:* el mar, pero el mar como *tumba.*

  212-21   La ruina es a la vez emblema del desastre épico de una Edad
de Hierro *(cuando el que ves sayal fué limpio acero)* y de la consolación
pastoril. «En la ruina», escribe Jean Starobinski, «la naturaleza emplea
la obra de arte humana como material para su propia creación... Se
logra así un balance entre las fuerzas opuestas de naturaleza y cultura»
[The Invention of Freedom (Ginebra, 1964), pág. 179. Trad. mía del
inglés]. Compárese la ciudad-jardín de las bodas: I, 709-21.

que si precipitados no los cerros,
225 las personas tras de un lobo traía,
     tierno discurso y dulce compañía
         dejar hizo al serrano,
     que del sublime espacïoso llano
     al huésped al camino reduciendo,
230   al venatorio estruendo,
         pasos dando veloces,
     número crece y multiplica voces.

     Bajaba entre sí el joven admirando,
     armado a Pan o semicapro a Marte,
235 en el pastor mentidos, que con arte
     culto principio dió al discurso, cuando
     rémora de sus pasos fué su oído,
         dulcemente impedido
     de canoro instrumento, que pulsado
240 era de una serrana junto a un tronco,
     sobre un arroyo de quejarse ronco;
     mudo sus ondas, cuando no enfrenado.
     Otra con ella montaraz zagala
     juntaba el cristal líquido al humano
245 por el arcaduz bello de una mano
     que al uno menosprecia, al otro iguala.
     Del verde margen otra las mejores
     rosas traslada y lilios al cabello,
     o por lo matizado o por lo bello,
250 si Aurora no con rayos, Sol con flores
     Negras pizarras entre blancos dedos
     ingenïosa hiere otra, que dudo
     que aun los peñascos la escuchaban quedos.

---

234   *armado a Pan o semicapro a Marte:* el pastor es un héroe épico
que ha caído de la plenitud y confianza de la acción épica a los «dulces
desvaríos» de la vida pastoril; es decir, «alterna» las cualidades de Pan
(dios de los pastores) y Marte (dios de los guerreros).

244-46 *juntaba el cristal líquido* (de las aguas del arroyo) al *cristal
humano* (su cuerpo bello). «Pinta con primor D. L. beviendo una
serrana naturalmente, cogiendo con la mano el agua, y llevándola a la
boca» (Pellicer).

Al son pues deste rudo
255   sonoroso instrumento,
lasciva el movimiento,
mas los ojos honesta,
altera otra, bailando, la floresta.
Tantas al fin el arroyuelo, y tantas
260   montañesas da el prado, que dirías
ser menos las que verdes Hamadrías
abortaron las plantas:
inundación hermosa
que la montaña hizo populosa
265   de sus aldeas todas
a pastorales bodas.

De una encina embebido
en lo cóncavo, el joven mantenía
la vista de hermosura, y el oído
270   de métrica armonía.
El Sileno buscaba
de aquellas que la sierra dió Bacantes,
ya que Ninfas las niega ser errantes
el hombro sin aljaba,
275   o si del Termodonte,
émulo del arroyuelo desatado
de aquel fragoso monte,
escuadrón de Amazonas desarmado
tremola en sus riberas
280   pacíficas banderas.

Vulgo lascivo erraba
al voto del mancebo,

---

261   *Hamadrías:* las montañesas cultas son tantas como las ninfas
que según la tradición mitológica habitan en cada árbol o planta.

271-80 *Sileno…: Termodonte… Amazonas:* el Sileno es el anciano
que preside sobre la bacanalia romana; las serranas, como no llevan al-
jaba, no son Ninfas (de Diana, diosa de la caza), sino bacantes, o *es-
cuadrón de Amazonas desarmado* si el arroyo por la cual caminan se
parezca al Termodonte, río de la tierra en que, según la mitología,
vivían estas mujeres bellas y guerreras.

281-83 *Vulgo lascivo… el yugo… sacudido:* se pensaba que en la

87

el yugo de ambos sexos sacudido,
al tiempo que, de flores impedido
285   el que ya serenaba
la región de su frente rayo nuevo,
purpúrea terneruela, conducida
de su madre, no menos enramada,
entre albogues se ofrece, acompañada
290   de juventud florida.
Cuál dellos las pendientes sumas graves
de negras baja, de crestadas aves,
cuyo lascivo esposo vigilante
doméstico es del Sol nuncio canoro,
295 y de coral barbado, no de oro
ciñe, sino de púrpura, turbante.
    Quién la cerviz oprime
con la manchada copia
de los cabritos más retozadores,
300   tan golosos, que gime
el que menos peinar puede las flores
de su guirnalda propia.

Edad de Oro, anterior a la propiedad y el estado, no existían leyes y, por tanto, el matrimonio. Aquí señala que los jóvenes son solteros como sus compañeras, las «amazonas».

285-334   Procesión de los regalos que traen los serranos a las bodas. Algunos manuscritos incluyen después del verso 290 los versos siguientes:

        Treinta robustos montaraces dueños
        de las que aun los pitones dos pequeños
        en la tierra hijuela temer vieras,
        no ya en la vaca, no en las empulgueras
            del arco de Diana:
            damería serrana.

  1)   La terneruela y su madre, cargados ambos como los serranos de flores (285-90).
  2)   (291-96) Las gallinas, cuyo *esposo* —el gallo— es *nuncio canoro* del Sol. «Teniendo barbas de coral, se ciñe un turbante o cresta, no de oro, sino de púrpura» (Alonso).
  3)   Los cabritos (197-302) de manchada piel, tan golosos que comen las floras de sus propias guirnaldas.

No el sitio, no, fragoso,
no el torcido taladro de la tierra,

305 privilegió en la sierra
la paz del conejuelo temeroso:
trofeo ya su número es a un hombre,
si carga no y asombro.
Tú, ave peregrina,

310 arrogante esplendor, ya que no bello,
del último Occidente,
penda el rugoso nácar de tu frente
sobre el crespo zafiro de tu cuello,
que Himeneo a sus mesas te destina.

315 Sobre dos hombros larga vara ostenta
en cien aves cien picos de rubíes,
tafiletes calzadas carmesíes,
emulación y afrenta
aun de los Berberiscos,

320 en la inculta región de aquellos riscos.
Lo que lloró la Aurora,

---

4) Los conejos (303-8); Cf. II, 275-282.

5) El pavo (309-14), *ave peregrina* porque viene de las Indias occi-
dentales. *Himeneo* es el dios de la boda. «El pavo no tiene cresta, sino
cierta piel carnosa y colorada; la qual estiende de suerte que cubre el
rostro, principalmente cuando está enojado» (Salcedo Coronel). Los
manuscritos traen este variante de 309-14:

> Tú, ave peregrina,
> cuya cuna en los últimos remates
> del occidente queda,
> sea, si enojo no, pompa tu rueda;
> que, en cuanto tu collar se determina
> a ser zafiro todo o ser granates,
> destinada la veo
> a guloso Himeneo.

6) Los perdices (315-20) con picos y patitas de color rojo *(rubíes,
tafiletes carmesíes);* es decir, como los zapatos de fino cuero rojo que se
hacen en Marruecos.

7) (321-28) «Por estraño camino y grandes perífrases dice Don Luis
que traía un montañés en una orça unos panales de miel: aludiendo a
las propiedades da la *Aveja* que sale al amanecer, cuando está reciente
el rocío de la mañana sobre las flores» (Pellicer).

si es néctar lo que llora,
y antes que el Sol enjuga
la abeja que madruga
325 a libar flores y a chupar cristales,
en celdas de oro líquido, en paneles
la orza contenía
que un montañés traía.

No excedía la oreja
330 el pululante ramo
del ternezuelo gamo,
que mal llevar se deja,
y con razón, que el tálamo desdeña
la sombra aun de lisonja tan pequeña.

335 El arco del camino pues torcido,
que habían con trabajo
por la fragosa cuerda del atajo
las gallardas serranas desmentido,
de la cansada juventud vencido,
340 los fuertes hombros con las cargas graves,
treguas hechas süaves,
sueño le ofrece a quien buscó descanso
el ya sañudo arroyo, ahora manso.
Merced de la hermosura que ha hospedado,
345 efectos, si no dulces, del concento
que en las lucientes de marfil clavijas,
las duras cuerdas de las negras guijas
hicieron a su curso acelerado,
en cuanto a su furor perdonó el viento.

---

8) El gamo (328-35), cuyo cuerno es igual en tamaño a su oreja; pe-
ro aunque mera *sombra* de cuerno le hace recelar ser «cornudo» en el
matrimonio. «Dexóse llevar de su salado Genio don Luis en la alusión
al gamo, que se defendía de ir a la boda, diziendo que con razón, por-
que desdeña el matrimonio aun en sombra la traición» (Pellicer).

335-41 *El arco*, etc.: «Toma la metáfora del arco, diziendo, que las
labradoras vinieron por la cuerda del atajo, por el camino fragoso,
pero breve, pero los serranos por lo cóncavo del arco, por el camino
real» (Pellicer).

345-49 «El arroyo sería como un instrumento de cuerda, pulsado,
en lugar de arco, por las filas de *guijas* negras en que rompía la corrien-
te» (D. Alonso). Cf. II, 349-50: *Rompida el agua en menudas piedras,
/ cristalina sonante era tiorba.*

350   Menos en renunciar tardó la encina
          el extranjero errante,
    que en reclinarse el menos fatigado
    sobre la grana que se viste fina,
    su bella amada, deponiendo amante
355   en las vestidas rosas su cuidado.
    Saludólos a todos cortésmente,
          y admirado no menos
    de los serranos que correspondido,
    las sombras solicita de unas peñas.
360   De lágrimas los tiernos ojos llenos,
    reconociendo el mar en el vestido
    (que beberse no pudo el Sol ardiente
    las que siempre dará cerúleas señas),
          Político serrano,
365   de canas grave, habló desta manera:

          «¿Cuál tigre, la más fiera
          que clima infamó Hircano,
          dió el primer alimento
    al que, ya deste o de aquel mar, primero
370   surcó labrador fiero
    el campo undoso en mal nacido pino,
          vaga Clicie del viento,
    en telas hecho antes que en flor el lino?
    Más armas introdujo este marino
375   monstruo, escamado de robustas hayas,
    a las que tanto mar divide playas,
          que confusión y fuego
    al Frigio muro el otro leño Griego.
    Náutica industria investigó tal piedra,

---

363   *cerúleas señas:* señas del naufragio del peregrino.

366-502 Epica trágica en miniatura de la Conquista. La navegación, o la «caída del *mal nacido pino* (371) al mar como metonimia del barco, introduce la Edad de Hierro en la mitología clásica: tiempo de codicia y guerra universales.

372   *vaga Ciclie:* la vela. Clicie, desdeñada por Apolo, fue convertida en el heliotropo, flor que sigue la dirección del sol. Así las velas siguen el viento.

378   *Frigio muro... leño Griego:* «Más armas, más sediciones, más guerras ha introducido la navegación en las tierras más remotas que di-

380   que cual abraza yedra
escollo, el metal ella fulminante
de que Marte se viste, y lisonjera,
solicita el que más brilla diamante
en la nocturna capa de la esfera,
385 estrella a nuestro Polo más vecina;
   y, con virtud no poca,
   distante le revoca,
   elevada la inclina
   ya de la Aurora bella
390 al rosado balcón, ya a la que sella,
   cerúlea tumba fría,
   las cenizas del día.
En esta pues fiándose atractiva,
del Norte amante dura, alado roble,
395 no hay tormentoso cabo que no doble,
ni isla hoy a su vuelo fugitiva.
Tifis el primer leño mal seguro
condujo, muchos luego Palinuro;
si bien por un mar ambos, que la tierra
400   estanque dejó hecho,
   cuyo famoso estrecho
una y otra de Alcides llave cierra.
Piloto hoy la Codicia, no de errantes
árboles, mas de selvas inconstantes,
405 al padre de las aguas Oceano,

---

vide el mar, que guerra, fuego, confusión en los muros de Troya el caballo de los Griegos» (Pellicer).

379-96 *tal piedra,* etc.: la piedra imán o magnética que se emplea para la aguja de la brújula, porque (pensaba Góngora) es atraída por la estrella más brillante, la estrella polar *(diamante),* y así *lisonjeara* se hace *del Norte amante dura* (394). Pero cuando la estrella polar está encima de (388-90) la brújula, la aguja oscila entre el oriente *(Aurora)* y el occidente *(tumba* del Sol). El *alado roble* (394) es el barco de velas.

397-402 *Tifis:* piloto (según la mitología) de la nave *Argos,* capitaneada por Jasón, que buscaba el Vellocino de Oro; *Palinuro:* piloto de la flota de Eneas. El *mar... estanque,* por tanto, es el Mediterráneo, y el *estrecho,* el de Gibraltar, que cierra, como con llaves, las columnas construidas por Hércules *(Alcides).*

402 *Piloto hoy la Codicia:* el deseo de lucro o ganancia.

404 *selvas inconstantes:* flotas mercantiles.

de cuya monarquía
el Sol, que cada día
nace en sus ondas y en sus ondas muere,
los términos saber todos no quiere,
410   dejó primero de su espuma cano,
sin admitir segundo
en inculcar sus límites al mundo.
Abetos suyos tres aquel tridente
violaron a Neptuno,
415   conculcado hasta allí de otro ninguno,
besando las que al Sol el Occidente
le corre en lecho azul de aguas marinas,
turquesadas cortinas.
A pesar luego de áspides volantes,
420   sombra del Sol y tósigo del viento,
de Caribes flechados, sus banderas
siempre gloriosas, siempre tremolantes,
rompieron los que armó de plumas ciento
Lestrigones el Istmo, aladas fieras:
425   el Istmo que al Océano divide,
y sierpe de cristal, juntar le impide
la cabeza del Norte coronada
con la que ilustra el Sur cola escamada
de Antárticas estrellas.
430   Segundos leños dió a segundo Polo
en nuevo mar, que le rindió no sólo

406-12 *cuya monarquía,* etc.: ni el sol —monarca de los cielos—,
que nace y muere dentro del mar, puede *saber los términos* de su acuáti-
co imperio.

413-18 *Abetos suyos tres,* etc.: las tres carabelas de Colón, que lle-
garon hasta las *turquesadas cortinas* que cubren el sol en el ocaso, es
decir, al límite occidental del Atlántico.

419 *áspides volantes:* las flechas envenenadas de los Caribes. Por
eso parecen envenenar el viento como *tósigo.*

424-29 *Lestrigones... Istmo,* etc.: Góngora identifica los Caribes
con los Lestrigones, caníbales mitológicos del Mediterráneo. El *Istmo*
es el de Panamá, que divide el Atlántico («mar de norte») del Pacífico
(«mar del sur»): por eso, *ilustra el Sur cola escamada / de antárticas
estrellas* (la constelación de la Cruz del Sur).

430-34 *segundo Polo,* etc.: al «mar del sur», el Pacífico. Góngora
alude así a la conquista del Perú por Pizarro y el desarrollo de las minas

las blancas hijas de sus conchas bellas,
mas los que lograr bien no supo Midas
metales homicidas.
435   No le bastó después a este elemento
conducir Orcas, alistar Ballenas,
murarse de montañas espumosas,
infamar blanqueando sus arenas
con tantas del primer atrevimiento
440   señas, aun a los buitres lastimosas,
para con estas lastimosas señas
temeridades enfrenar segundas.
Tú, Codicia, tú pues de las profundas
estigias aguas torpe marinero,
445   cuantos abre sepulcros el mar fiero
a tus huesos desdeñas.
El Promontorio que Éolo sus rocas
candados hizo de otras nuevas grutas
para el Austro de alas nunca enjutas,
450   para el Cierzo espirante por cien bocas,
doblaste alegre, y tu obstinada entena
cabo le hizo de Esperanza Buena.
Tantos luego Astronómicos presagios
frustrados, tanta Náutica doctrina,
455   debajo de la Zona aun más vecina
al Sol, calmas vencidas y naufragios,
los reinos de la Aurora al fin besaste,

---

de oro y plata, *metales homicidas* por las guerras civiles y el genocidio
de los Incas provocado por los trabajos forzados. Midas sirve como
emblema de esta codicia mercantilista: todo lo que toca (aun la comida)
se convierte en oro.

442 *temeridades enfrenar segundas:* los desastres de las navega-
ciones españolas (los huesos que son *señas* en las arenas) no bastaban
para desengañar a los portugueses, que buscaban por la costa de Africa
otra ruta hacia la India.

447-52 *Promontorio,* etc.; Góngora identifica el Cabo de Buena
Esperanza (que tiene fama de ser tormentoso), doblado por Vasco de
Gama en 1498, con la cueva en que Eolo aprisionó los vientos de tor-
menta *(Austro, Cierzo).*

455-60 *la Zona aún más vecina:* la Zona Tórrida. *Los reinos de la*

cuyos purpúreos senos perlas netas,
    cuyas minas secretas
460 hoy te guardan su más precioso engaste;
la aromática selva penetraste,
que al pájaro de Arabia (cuyo vuelo
    arco alado es del cielo,
    no corvo, mas tendido)
465 pira le erige, y le construye nido.
Zodíaco después fué cristalino
    a glorïoso pino,
émulo vago del ardiente coche
    del Sol, este elemento,
470 que cuatro veces había sido ciento
dosel al día y tálamo a la noche,
cuando halló de fugitiva plata
la bisagra, aunque estrecha, abrazadora
de un Océano y otro siempre uno,
475 o las columnas bese o la escarlata,
    tapete de la Aurora.
    Esta pues nave, ahora,
en el húmido templo de Neptuno
varada pende a la inmortal memoria
480   con nombre de Victoria.
De firmes islas no la inmóvil flota
en aquel mar del Alba te describo,
cuyo número, ya que no lascivo,
por lo bello agradable y por lo vario

Aurora: la India, a la cual llega por fin Vasco de Gama. *Precioso engaste:* el oro, que sirve como engaste a las perlas.

462   *pájaro de Arabia:* el Fénix, pájaro de oro cuyo vuelo es un arco iris alado.

466-80 *Zodíaco... Victoria.* El período describe la circunnavegación del mundo hecha por Magallanes en cuatrocientos días en la nave Victoria: «Del modo mismo que el Zodíaco (que es un círculo, que obliquo divide la Equinocial en partes iguales...) sirve para la carrera del Sol, assí el Occéano, que es un círculo que faja la tierra, sirbió a la Nao, Vitoria para correr el mundo» (Pellicer). *La bisagra:* el estrecho al sur del continente americano entre el Atlántico y Pacífico descubierto por Magallanes y que después llevó su nombre.

481   *firmes islas... mar del Alba:* el archipiélago filipino.

485   la dulce confusión hacer podía,
que en los blancos estanques del Eurota
la virginal desnuda montería,
haciendo escollos o de mármol Pario
o de terso marfil sus miembros bellos,
490   que pudo bien Acteón perderse en ellos.
El bosque dividido en islas pocas,
fragante productor de aquel aroma
que traducido mal por el Egito,
tarde le encomendó el Nilo a sus bocas,
495   y ellas más tarde a la gulosa Grecia,
clavo no, espuela sí del apetito,
que en cuanto concocelle tardó Roma
fué templado Catón, casta Lucrecia,
quédese, amigo, en tan inciertos mares,
500   donde con mi hacienda
del alma se quedó la mejor prenda,
cuya memoria es buitre de pesares.»

En suspiros con esto,
y en más anegó lágrimas el resto
505   de su discurso el montañés prolijo,
que el viento su caudal, el mar su hijo.

485-90   *la dulce confusión,* etc.: Son tantas y tan bellas las islas del
Pacífico que un nuevo Acteón bien puede perderse en ellas. Acteón ob-
servó un día la diosa Diana y sus cazadoras *(virginal desnuda montería)*
bañándose en las aguas del río Eurota; fue transformado en ciervo y
muerto por sus propios perros.

Las islas, por bellas, son entonces como los *miembros bellos* de las
mujeres en el agua, pero también homicidas.

492   *aquel aroma:* el clavo, producto de las islas Molucas. Góngora
sigue aquí el tópico de que la importación de especias orientales fue
«clavo» o espuela al apetito desenfrenado, provocando así la decaden-
cia de Roma. *Catón* y *Lucrecia* son nombres que simbolizan la vieja
aristocracia romana, célebre por la austeridad de sus costumbres. «Los
Reyes de Egypto se hizieron dueños de las drogas, y quitándoselas del
Asia, las comunicaron a Europa» (Pellicer).

503-6   *anegó,* etc.: los suspiros y lágrimas del montañés acabaron su
discurso de la misma manera que los vientos de tormenta su caudal y
las olas del mar su hijo *(del alma... la mayor prenda:* 501). Nótese que
para Góngora la Conquista, delirio de un deseo casi erótico, acaba en
tragedia y esterilidad.

Consolalle pudiera el peregrino
con las de su edad corta historias largas,
si, vinculados todos a sus cargas
510 cual próvidas hormigas a sus mieses,
no comenzaran ya los montañeses
a esconder con el número el camino,
y el cielo con el polvo. Enjugó el viejo
del tierno humor las venerables canas,
515 y levantando al forastero, dijo:
        «Cabo me han hecho, hijo,
deste hermoso tercio de serranas;
si tu neutralidad sufre consejo,
y no te fuerza obligación precisa,
520 la piedad que en mi alma ya te hospeda
hoy te convida al que nos guarda sueño
                política alameda,
verde muro de aquel lugar pequeño
que, a pesar de esos fresnos, se divisa;
525 sigue la femenil tropa conmigo:
verás curioso y honrarás testigo
el tálamo de nuestros labradores,
que de tu calidad señas mayores
me dan que del Océano tus paños,
530 o razón falta donde sobran años.»

Mal pudo el extranjero agradecido
en tercio tal negar tal compañía
y en tan noble ocasión tal hospedaje.
Alegres pisan la que, si no era
535 de chopos calle y de álamos carrera,

---

516   *Cabo me han hecho:* Góngora subraya el principio de *elección*
en vez de autoridad estamental. Es notable la ausencia de la aristocra-
cia en sí en las escenas de la *Soledad primera* —exceptuando al «incon-
siderado» peregrino.

528   *calidad:* el serrano reconoce la nobleza del peregrino; él mismo
es un hidalgo caído de la sublimación épica a la medianía pastoril; es
decir, ha encontrado otra identidad de clase.

535   *De chopos calle y de álamos carrera:* caminan por una arboleda
que, si no una avenida de ciudad, ofrece por su frescura y sombra igual
protección al calor y a la luz.

el fresco de los céfiros rüido,
el denso de los árboles celaje
en duda ponen cuál mayor hacía
guerra al calor o resistencia al día.
540 Coros tejiendo, voces alternando,
sigue la dulce escuadra montañesa
del perezoso arroyo el paso lento,
en cuanto él hurta blando,
entre los olmos que robustos besa,
545 pedazos de cristal, que el movimiento
libra en la falda, en el coturno ella
de la coluna bella,
ya que celosa basa,
dispensadora del cristal no escasa.
550 Sirenas de los montes su concento,
a la que menos del sañudo viento
pudiera antigua planta
temer rüina o recelar fracaso,
pasos hiciera dar el menor paso
555 de su pie o su garganta.

545-49 *pedazos de cristal,* etc.: «El arroyo, que caminaba por entre
los olmos, hurtava pedazos de cristal a los pies de las Serranas retratán-
dose en él: y el movimiento de las zagalas le libravan, en la falda de los
vestidos, la falda en lo coturno; si bien era base de la columa
(la pierna), y celoso, pues que la cubría, con todo ello dispensava el
cristal en los pies de las Serranas, por estar el coturno abierto, como el
calzado que hoy dezimos sandalias» (Pellicer).
550-55 *Sirenas,* etc.: tan dulcemente *tejían coros* (540) que como las
Sirenas mitológicas tentaban a los marineros a arrojarse al mar, estas
canciones parecen desarraigar y animar *(dar paso)* a los árboles, como
antiguamente la lira de Orfeo. Se pensaba en el neoplatonismo y la
cosmología pitagórica del Renacimiento que el cosmos y el mundo eran
una especie de armonía celeste (música universal) hecha concreta, ma-
terial. Ver, por ejemplo, la *Oda a Salinas,* de Fray Luis de León: ... *el
son sagrado / con que este eterno templo es sustentado.* Hacer música
de la realidad mundana, como Góngora intenta en esta sección, equiva-
le a armonizarla, *humanizarla.* «El alma, compuesta de concordan-
cias, concorde ya con la gran cítara del mundo», anota Dámaso Alonso
con respecto al tópico en Fray Luis *(Poesía española* [Madrid, 1962],
página 180). Sobre concepciones neoplatónicas en la poesía de Góngo-
ra, ver R. O. Jones, «Neoplatonism and the *Soledades*», *Bulletin
of Hispanic Studies,* XL (1963).

Pintadas aves, cítaras de pluma,
coronaban la bárbara capilla,
mientras el arroyuelo para oílla
     hace de blanca espuma
560 tantas orejas cuantas guijas lava,
de donde es fuente a donde arroyo acaba.
Vencedores se arrogan los serranos
los consignados premios otro día,
ya al formidable salto, ya a la ardiente
565 lucha, ya a la carrera polvorosa.
El menos ágil, cuantos comarcanos
convoca el caso él solo desafía,
consagrando los palios a su esposa,
     que a mucha fresca rosa
570 beber el sudor hace de su frente,
     mayor aún del que espera
en la lucha, en el salto, en la carrera.
Centro apacible un círculo espacioso   *DESCRIBED*
a más caminos que una estrella rayos,   *LIKE A CITY.*
575 hacía, bien de pobos, bien de alisos,
     donde la Primavera,   .
calzada Abriles y vestida Mayos,
centellas saca de cristal undoso
a un pedernal orlado de Narcisos.
580   Este pues centro era
meta umbrosa al vaquero convecino,
y delicioso término al distante,
donde, aún cansado más que el caminante,
     concurría el camino.

---

560 *tantas orejas:* el arroyo corriendo por las guijas forma
semicírculos de agua que fingen ser orejas destinadas a captar el *con-
cento* musical de las serranas (cf. I, 345-49).

562 *Vencedores se arrogan:* mientras las serranas van cantando y
bailando, los serranos se debaten entre sí cuál será el más diestro en los
juegos de las bodas.

568 *palios:* pedazos de seda ofrecidos como premio en los juegos.

569-70 *fresca rosa / beber el sudor:* «cada zagala limpiava a su es-
poso con puñados de rosas deshojadas el sudor de su frente» (Pellicer).

577 *abriles... mayos:* cubierta de hierba y flores.

585 Al concento se abaten cristalino
        sedientas las serranas,
    cual simples codornices al reclamo
    que les miente la voz, y verde cela
    entre la no espigada mies la tela.
590 Músicas hojas viste el menor ramo
    del álamo que peina verdes canas;
    no céfiros en él, no ruiseñores
    lisonjear pudieron breve rato
        al montañés, que ingrato
595 al fresco, a la armonía y a las flores,
        del sitio pisa ameno
    la fresca hierba, cual la arena ardiente
    de la Libia, y a cuantas da la fuente
    sierpes de aljófar, aún mayor veneno
600 que a las del Ponto tímido atribuye,
    según el pie, según los labios huye.

    Pasaron todos pues, y regulados
    cual en los Equinocios surcar vemos
    los piélagos del aire libre algunas
605   volantes no galeras,
        sino grullas veleras,
    tal vez creciendo, tal menguando lunas
        sus distantes extremos,
    caracteres tal vez formando alados

587-89   *Cual simples codornices,* etc.: «lo mismo que simples co-
dornices que acuden al reclamo que imita su voz y encubre entre las
mieses todavía no espigadas la red donde han de quedar presas»
(D. Alonso).
591   *verdes canas:* follaje verde y blanco del álamo.
594-601   *montañés... huye:* desconoce por excesiva prisa o cautela
lo ameno del lugar. Según Salcedo Coronel se ha de entender aquí que
el montañés (que sería el mismo narrador de la épica marítima) aborre-
ce de la fuente porque le hace recordar el mar —el Ponto—, donde
había naufragado; así, el agua fresca le parece tan venenosa como el
agua salada. Pellicer, sin embargo, da esta explicación: «las travesuras
que el arroyo hazía, formando unas sierpezillas de aljófar, le parecían
más venenosas, que las que se crían en la Isla de Ponto».
609-11   *caracteres... alados:* el vuelo de los pájaros parece una escri-

610   en el papel diáfano del cielo
             las plumas de su vuelo.

             Ellas en tanto en bóvedas de sombras,
                  pintadas siempre al fresco,
             cubren las que Sidón telar Turquesco
615   no ha sabido imitar verdes alfombras.
             Apenas reclinaron la cabeza,
             cuando en número iguales y en belleza,
             los márgenes matiza de las fuentes
             segunda Primavera de villanas,
620   que parientas del novio aun más cercanas
             que vecinos sus pueblos, de presentes
             prevenidas concurren a las bodas.
                  Mezcladas hacen todas
             teatro dulce, no de escena muda,
625   el apacible sitio: espacio breve
             en que, a pesar del Sol, cuajada nieve,
             y nieve de colores mil vestida,
                  la sombra vió florida
                  en la hierba menuda.

630   Viendo pues que igualmente les quedaba
             para el lugar a ellas de camino
             lo que al Sol para el lóbrego Occidente,
             cual de aves se caló turba canora
             a robusto nogal que acequia lava
635   en cercado vecino,
             cuando a nuestros Antípodas la Aurora
             las rosas gozar deja de su frente,

CITY-LIKE DESCRIPTION

---

tura en el *papel diáfano* del cielo porque tiene la forma de la *y* o Δ grie-
ga. Cf. II, 143: *los anales diáfanos del viento.*

614   *Sidón telar Turquesco:* las arenas serranas quedan atrás
bajo árboles cuyo complicado follaje iguala a los arabescos intrin-
cados de las famosas alfombras del medio oriente. Sidón era una
antigua ciudad de Siria, centro de producción de tejidos.

624-29   *teatro dulce, no de escena muda:* por la charla de las bellas
serranas (vestidas en trajes de muchos colores), cuyos miembros blan-
cos sobre la hierba son *cuajada nieve.*.

630-42   *Viendo,* etc.: viendo que el sol comienza a ponerse, las
serranas «se levantaron del mismo modo que las aves en vandas se ca-

tal sale aquella que sin alas vuela
hermosa escuadra con ligero paso,
640   haciéndole atalayas del Ocaso
cuantos humeros cuenta la aldehuela.
      El lento escuadrón luego
      alcanzan de serranos,
y disolviendo allí la compañía,
645   al pueblo llegan con la luz que el día
cedió al sacro Volcán de errante fuego,
a la torre de luces coronada
que el templo ilustra, y a los aires vanos
artificiosamente da exhalada
650   luminosas de pólvora saetas,
      purpúreos no cometas.
      Los fuegos pues el joven solemniza,
mientras el viejo tanta acusa Tea
al de las bodas Dios, no alguna sea
655   de nocturno Faetón carroza ardiente,
      y miserablemente
campo amanezca estéril de ceniza
      la que anocheció aldea.

      De Alcides le llevó luego a las plantas,
660   que estaban no muy lejos,
trenzándose el cabello verde a cuantas

---

lan al nogal de alguna heredad vezina, sirviéndoles de atalaias del Oca-
so las Chimeneas de la Aldea» (Pellicer). Reminiscencia de Virgilio en
su *Égloga I, Antípodas:* se refiere al anochecer.

    646-58 *sacro Volcán,* etc.: la torre del *templo* de la aldea, ilumina-
da por fuegos de artificio para anunciar la boda. *El joven* (el *inconside-*
rado peregrino celebra el espectáculo; el más prudente montañés, avisa-
do por su propio desastre en la Conquista, critica el exceso de luz («que
no aviendo de tener más de cinco teas Himeneo Dios», explica
Pellicer). Piensa que invita el desastre de un «nocturno» Faetón.
(Faetón, adolescente atrevido como el peregrino, quiso conducir el
carro de su padre el Sol. No pudiendo gobernarlo, cayó y abrasó la
tierra.) Es decir, teme que los fuegos de artificio puedan quemar la al-
dea *(campo amanezca estéril de ceniza:* 657).

    659-62 *De Alcides… las plantas:* los álamos, árboles consagrados a
Hércules, Las hermanas de Faetón fueron convertidas en álamos a con-

da el fuego luces y el arroyo espejos.
      Tanto garzón robusto,
tanta ofrecen los álamos zagala,
665   que abrevïara el Sol en una estrella,
      por ver la menos bella,
cuantos saluda rayos el Bengala,
      del Ganges cisne adusto.
La gaita al baile solicita el gusto,
670   a la voz el salterio;
cruza el Trión más fijo el Hemisferio,
y el tronco mayor danza en la ribera;
      el Eco, voz ya entera,
no hay silencio a que pronto no responda;
675   fanal es del arroyo cada onda,
luz el reflejo, la agua vidrïera,
Términos le da el sueño al regocijo,
mas al cansancio no: que el movimiento
verdugo de las fuerzas es prolijo.
680   Los fuegos (cuyas lenguas ciento a ciento
desmintieron la noche algunas horas,
cuyas luces, del Sol competidoras,
fingieron día en la tiniebla oscura)

---

secuencia de su desastre. Así, inclinándose en el viento, los álamos parecen mujeres *trenzándose el cabello* en el *espejo* del arroyo.

665-68 *que abreviara el Sol,* etc.: para ver la belleza de las zagalas y garzones, el sol «quisiera volverse estrella, abreviando en tan corto esplendor todos quantos rayos descoje al amanecer y saluda el Bengala Cisne Etiope» (Pellicer). Es decir, al mismo tiempo que la noche cae sobre la fiesta, el sol se levanta en el Oriente *(cuantos saluda rayos el Bengala).*

671 *el Trión:* parece que la música agitada de la gaita hace bailar aún las estrellas fijas y los árboles enraizados. Cf. nota a los versos 550-55.

675 *fanal:* «cada onda del arroyo era un fanal, la luz era el reflexo de las luminarias, el agua el linteron, y la vidriera el cristal» (Pellicer).

679 *verdugo... prolijo:* porque los movimientos repetidos del baile han fatigado demasiado a los bailarines.

683 *fingieron día en la tiniebla oscura:* como un Faetón, atreviéndose a conducir la carroza del sol en la noche. Los manuscritos traen esta variante de los versos 680-86:

        Los fuegos, ciento a ciento,
        que, cuanto más frenéticos más sanos,

murieron, y en sí mismos sepultados,
685   sus miembros, en cenizas desatados,
     piedras son de su misma sepultura.

Vence la noche al fin, y triunfa mudo
el silencio, aunque breve, del rüido;
     sólo gime ofendido
690   el sagrado laurel del hierro agudo:
deja de su esplendor, deja desnudo
de su frondosa pompa al verde aliso
     el golpe no remiso
     del villano membrudo;
695   el que resistir pudo
al animoso Austro, al Euro ronco,
chopo gallardo, cuyo liso tronco
papel fué de pastores, aunque rudo,
a revelar secretos va a la aldea,
700   que impide Amor que aun otro chopo lea.

Estos árboles pues ve la mañana
mentir florestas y emular viales,
cuantos muró de líquidos cristales
     agricultura urbana.

[handwritten marginalia: CITY-LIKE DESCRIPTION]
[handwritten marginalia: camino formado por 2 filas de árboles]

———

     amenazaban aun los aires vanos,
     condenándolos van a muerte oscura:
     la remisión de su calentura.

   689-700   *sólo gime ofendido,* etc.: los pastores cortan árboles para
decorar la fiesta nupcial. Así, el chopo, que *papel fue de pastores* (es
decir, en cuya corteza engravaron los nombres de sus amores), revelará
estas intimidades a los novios en la mañana. «Aparece el escondido pe-
regrino después que el sueño ha caído sobre las serranas y las fiestas. El
sueño viene a borrar la persecución e insistencia de la fiesta, preparan-
do con la caída del ardor de lo anterior contemplado la llegada del pe-
regrino, es decir, alguien que no sabe quién es. Temor que la presencia
y desenvoltura del peregrino se amengüen si penetra en el idéntico
paisaje» (J. Lezama Lima, «Sierpe de don Luis»).

   701-1091   *Tercer día* (Las Bodas): el peregrino entra en la aldea:
presentación de los novios: banquete nupcial: juegos entre los
serranos y campesinos en la tarde: puesta del sol y «batallas de
amor» de los novios.

705   Recordó al Sol no de su espuma cana
         la dulce de las aves armonía,
         sino los dos topacios que batía,
         orientales aldabas, Himeneo.
            Del carro pues Febeo
710   el luminoso tiro,
         mordiendo oro, el eclíptico zafiro
         pisar quería, cuando el populoso
            lugarillo el serrano
         con su huésped, que admira cortesano,
715   a pesar del estambre y de la seda,
           el que tapiz frondoso
         tejió de verdes hojas la arboleda,
         y los que por las calles espaciosas
            fabrican arcos, rosas,
720   oblicuos nuevos, pénsiles jardines,
         de tantos como víolas jazmines.

         Al galán novio el montañés presenta
         su forastero; luego al venerable
         padre de la que en sí bella se esconde
725   con ceño dulce y con silencio afable
         beldad parlera, gracia muda ostenta,
         cual del rizado verde botón, donde

705-08   *Recordó al Sol no,* etc.: contrapunto con el amanecer del albergue, cuando las aves:

> esquilas dulces de sonora pluma
> *señas dieron süaves*
> del Alba al Sol (I, 179-81).

Aquí, por contraste, el día de bodas es anunciado por *aldabas* o címbalos de metal.

715-21   *a pesar del estambre y de la seda,* etc.: el *tapiz frondoso* tejido por la arboleda y las rosas parece *cortesano* —de elaboración *culta* (714)—, a pesar de ser de hojas y flores naturales. Así también *fabrican arcos* las rosas (719); (720) *pénsiles jardines:* como los de Babilonia, fabricados en el aire. Es decir, la aldea, aunque humilde, no carece de la belleza arquitectónica de la ciudad.

727-31   *cual rizado verde botón:* la novia «estaba graciosamente muda, pero con su hermosura muy eloquente del modo mismo que la

105

abrevia su hermosura virgen rosa,
　　las cisuras cairela
730　un color que la púrpura que cela
　　por brújula concede vergonzosa.
　　　　Digna la juzga esposa
　　de un Héroe, si no Augusto, esclarecido,
　　el joven, al instante arrebatado
735　a la que, naufragante y desterrado,
　　　　le condenó a su olvido.
　　Este pues Sol que a olvido le condena,
　　cenizas hizo las que su memoria
　　negras plumas vistió, que infelizmente
740　sordo engendran gusano, cuyo diente,
　　minador antes lento de su gloria,
　　inmortal arador fué de su pena,
　　y en la sombra no más de la azucena,
　　que del clavel procura acompañada
745　imitar en la bella labradora
　　el templado color de la que adora,
　　víbora pisa tal el pensamiento,
　　que el alma por los ojos desatada
　　señas diera de su arrebatamiento,

---

virgen rosa en el capullo rizado en el botón verde… descubriendo un
breve cairel de púrpura, por donde comienza a abrirle, de modo que
ofrece como brújula la púrpura misma que zela…» (Pellicer).

732-42　«Contiene este paso varios afectos propios de un amante:
primeramente viendo el peregrino la novia, tan hermosa, se acordó de
su dama… Luego dice que el sol de su dama (que lo olvidó) …abrasó e
hizo cenizas las negras plumas de las memorias e imaginaciones melan-
cólicas que antes tenía, y persiguiendo en la alegoría del fénix, dice que
después de esta imaginación nació, como gusano, de las cenizas abrasa-
das de sus tristezas, un afecto triste de verse ausente de quien tanto
amaba, el cual gusano y afecto, primero le fatigaba interiormente, pero
luego… fue arador de su pena, porque de la manera que el arado
surca por de fuera la tierra, ansí creciendo esta melancolía, exterior-
mente se dio a conocer» (Díaz de Rivas en sus comentarios, citado por
D. Alonso).

747　*víbora pisa tal:* el recuerdo —el *gusano* anterior— del amor es
como la mordedura de una víbora pisada de improviso entre un ramaje
de flores (el color rosado de las mejillas de la novia que se parece al co-
lor de la *enemiga amada* del peregrino).

750   si de zampoñas ciento
        y de otros, aunque bárbaros, sonoros
        instrumentos, no, en dos festivos coros
        vírgenes bellas, jóvenes lucidos,
           llegaran conducidos.

755   El numeroso al fin de labradores
           concurso impacïente
        los novios saca: él, de años floreciente,
        y de caudal más floreciente que ellos;
        ella, la misma pompa de las flores,
760   la Esfera misma de los rayos bellos.
           El lazo de ambos cuellos
        entre un lascivo enjambre iba de amores
           Himeneo añudando,
        mientras invocan su Deidad la alterna
765   de zagalejas cándidas voz tierna
        y de garzones este acento blando:

CORO I

        «Ven, Himeneo, ven donde te espera
        con ojos y sin alas un Cupido,
        cuyo cabello intonso dulcemente
770   niega el vello que el vulto ha colorido:
        el vello, flores de su Primavera,

751-52 *aunque bárbaros, sonoros: bárbaros* porque son instrumentos populares de los campesinos y labradores.

757-58 *de años... de caudal:* «joven y rico, dos calidades amables» (Pellicer).

760 *la esfera misma:* la rueda del Sol y las estrellas en la cosmología de Ptolomeo.

762 *lascivo enjambre:* «Iba Himeneo añudando el iugo de ambos cuellos entre un enjambre de cupidillos» (Pellicer), es decir, de flores.

764-844 Coros, a imitación del coro nupcial de Catulo, celebrando las gracias de los novios. El Coro I es de las zagalas, cantando al novio; el Coro II, de los garzones, cantando a la novia.

764 *con ojos y sin alas:* Cupido se representa ciego y alado; es decir, es el novio como Cupido (ciego de amor), pero también hombre de carne y hueso.

769-70 *cabello... niega:* sus crecidas guedejas cubren el rostro.

una ninfa que adoró a Cupido

y rayos el cabello de su frente.
Niño amó la que adora adolescente,
villana Psiques, Ninfa labradora
775 de la tostada Ceres. Esta ahora
en los inciertos de su edad segunda
crepúsculos, vincule tu coyunda
  a su ardiente deseo.
Ven, Himeneo, ven; ven, Himeneo.»

color rosado del amanecer

CORO II

780 «Ven, Himeneo, donde entre arreboles
de honesto rosicler, previene el día,
Aurora de sus ojos soberanos,
virgen tan bella, que hacer podría
tórrida la Noruega con dos Soles,
785 y blanca la Etiopia con dos manos.
Claveles del Abril, rubíes tempranos,
cuantos engasta el oro del cabello,
cuantas del uno ya y del otro cuello
cadenas la concordia engarza rosas,
790 de sus mejillas siempre vergonzosas
  purpúreo son trofeo.
Ven, Himeneo, ven; ven, Himeneo.»

CORO I

«Ven, Himeneo, y plumas no vulgares
al aire los hijuelos den alados

774-75 *Psiques, Ceres:* Psiques fue una ninfa que adoró a Cupido;
Ceres era la diosa de las espigas. La novia es *villana Psique,* es decir
(como el novio antes), humana y de origen humilde, labradora.
 777 Variante en los manuscritos: *prolija noche, dilatada aurora.*
 782 *Aurora de sus ojos:* el nuevo día parece ser emanación de los
ojos bellos y brillantes *(dos Soles:* 784) de la novia.
 786-91 *Claveles:* «De cuyas encarnadas mejillas, son purpúreo tro-
feo las rosas que vienen por guirnalda de su cabeza... y las flores de que
está texida la cadena que viene puesta en los cuellos de los desposados:
que es el yugo» (Pellicer).
 794 *hijuelos:* los cupidillos, hijos de las ninfas silvestres.

108

795   de las que el bosque bellas Ninfas cela;
        de sus carcajes, éstos, argentados,
        flechen mosquetas, nieven azahares;
        vigilantes aquéllos, la aldehuela
        rediman del que más o tardo vuela,
800   o infausto gime pájaro nocturno;
        mudos coronen otros por su turno
        el dulce lecho conyugal, en cuanto
        lasciva abeja al virginal acanto
            néctar le chupa Hibleo.
805   Ven, Himeneo, ven; ven, Himeneo.»

                        CORO II

        «Ven, Himeneo, y las volantes pías
        que azules ojos con pestañas de oro
        sus plumas son, conduzgan alta Diosa,
        gloria mayor del soberano coro.
810   Fíe tus nudos ella, que los días
        disuelvan tarde en senectud dichosa,
        y la que Juno es hoy a nuestra esposa,
        casta Lucina en lunas desiguales
        tantas veces repita sus umbrales,
815   que Níobe inmortal la admire el mundo,
        no en blanco mármol, por su mal fecundo,
            escollo hoy de Leteo.
        Ven, Himeneo, ven; ven, Himeneo.»

------

798   *Vigilantes,* etc.: «Dize D. L. que los Cupidillos despejen los pa-
jaros infaustos, porque no aya agüero infausto en la boda, que son el
Murciélago, y el Búho» (Pellicer).
    803-4   *lasciva abeja,* etc.: alegoría erótica. «En quanto el joven
como la abeja chupa el néctar florido, en quanto goza lícitamente
de su esposa» (Pellicer). (La abeja mete su aguijón dentro de la flor
para recoger el polen.)
    806-18   *alta Diosa:* Juno, diosa de las nupcias; *casta Lucina:*
nombre de Juno cuando preside sobre los partos. *Las volantes pías:*
«los Pavones, cuyas plumas son bordadas de ojos azules y pestañas de
oro» (Pellicer), pájaros sagrados de Juno. *Tantas veces... que Níobe:*
que la novia tenga tantos hijos que Níobe, «madre de infinitos hijos y
hermosos, con lo qual se hizo tan sobervia, que quiso anteponerse a los

«Ven, Himeneo, y nuestra agricultura
820   de copia tal a estrellas deba amigas
progenie tan robusta, que su mano
toros dome, y de un rubio mar de espigas
inunde liberal la tierra dura;
y al verde, joven, floreciente llano
825   blancas ovejas suyas hagan cano
en breves horas caducar la hierba;
oro le expriman líquido a Minerva,
y los olmos casando con las vides,
mientras coronan pámpanos a Alcides,
830   clava empuñe Liëo.
Ven, Himeneo, ven; ven, Himeneo.»

CORO II

«Ven, Himeneo, y tantas le dé a Pales
cuantas a Palas dulces prendas esta
apenas hija hoy, madre mañana.
835   De errantes lilios unas, la floresta
cubran corderos mil, que los cristales
vistan del río en breve undosa lana;
de Aracnes otras la arrogancia vana

Dioses; murieron sus hijos en un día, y Júpiter de lástima la convirtió en escollo» (Pellicer). *Leteo* fue el río del olvido en la mitología clásica.

820 *de copia tal a estrellas amigas:* que sea fecunda (cornucópica) la cosecha, merced a la ayuda de las constelaciones astrológicas favorables a la agricultura.

827 *oro... de Minerva;* aceite del olivo, árbol consagrado a Minerva (Atenea), diosa de la sabiduría.

828-30 *olmos... Liëo:* «sean, por último, ricos en vino, y asociando las vides, plantas de Baco, con los olmos, árboles de Hércules, coronen a Hércules de racimos, mientras Baco (por otro nombre Lieo), abrazado al tronco, empuña en el tronco la misma maza de Hércules» (D. Alonso). Baco representa el ocio; Hércules, el trabajo: es decir, alternen el trabajo productivo con el consumo ocioso de los bienes.

832-33 *tantas... a Pales / cuantas a Palas:* Pales es la diosa del pastoreo, ejercicio masculino; Palas (otro nombre de Minerva o Atenea), de las tejedoras; es decir, que tenga la novia tantos hijos como hijas.

838-43 *de Aracnes otras la arrogancia vana,* etc.: Aracne, compitiendo con Palas Atenea, quiso dibujar en un tejido los amores de Jú-

modestas acusando en blancas telas,
840 no los hurtos de Amor, no las cautelas
de Júpiter compulsen: que, aun en lino,
ni a la pluvia luciente de oro fino,
    ni al blanco cisne creo.
Ven, Himeneo, ven; ven, Himeneo.»

845   El dulce alterno canto
a sus umbrales revocó felices
los novios del vecino templo santo.
Del yugo aún no domadas las cervices,
novillos (breve término surcado)
850 restituyen así el pendiente arado
al que pajizo albergue los aguarda.
Llegaron todos pues, y con gallarda
civil magnificencia el suegro anciano,
cuantos la sierra dió, cuantos dió el llano,
855   labradores convida
a la prolija rústica comida,
que sin rumor previno en mesas grandes.
Ostente crespas, blancas esculturas
artífice gentil de dobladuras
860 en los que Damascó manteles Flandes,
mientras casero lino Ceres tanta

---

piter (que se convirtió en lluvia dorada para seducir a Dánae, en cisne para raptar a Leda). Es decir, que las niñas dedicadas a Palas (los trabajos domésticos) «se ocupen modestas en sus labores» (Pellicer). Para el tema de la tela que representa historias de amor, ver la *Égloga tercera* de Garcilaso: *Luego sacando telas delicadas,* etc.

847-50   Tiene esta variante:

no sacudiendo, no, de las cervices,
novillos mal domados,
las impuestas del yugo duras leyes,
sino en florida edad uncidos bueyes,
pendientes reduciendo los arados.

857-64 *Ostente,* etc.: nuevas variaciones sobre el tópico de menosprecio de corte, alabanza de aldea y contrastes entre valor de cambio (lujo) y valor de uso (modestia). *Artífice gentil... ostente crespas blancas esculturas en los manteles que flandes damascó mientras el lino casero muestra los frutos de Ceres, los pomos, tan dulces que podrían*

ofrece ahora, cuantos guardó el heno
dulces pomos, que al curso de Atalanta
            fueran dorado freno.
865   Manjares que el veneno
y el apetito ignoran igualmente
les sirvieron, y en oro no luciente,
confuso Baco, ni en bruñida plata
            su néctar les desata,
870 sino en vidrio, topacios carmesíes
            y pálidos rubíes.
Sellar del fuego quiso regalado
los gulosos estómagos el rubio
imitador süave de la cera
875 quesillo, dulcemente apremïado
            de rústica, vaquera,
blanca, hermosa mano, cuyas venas
la distinguieron de la leche apenas;
mas ni la encarcelada nuez esquiva,
880 ni el membrillo pudieran anudado,
            si la sabrosa oliva
no serenara el Bacanal diluvio.

Levantadas las mesas, al canoro
son de la Ninfa un tiempo, ahora caña,

---

ser dorado freno a Atalanta, diosa de la velocidad. (Hipomenes derrotó a Atalanta en una carrera arrojándole tres manzanas de oro que ella se paró para recoger.)

865-7 *Manjares,* etc.: «Diéronles a comer manjares que no conocen el veneno, ni el apetito, como en las ciudades populosas, y sirviéronles la bevida no en baxillas de oro luziente, y plata bruñida, ni les dieron vino mezclado, sino vidrios topacios plálidos, vino blanco, y rubíes carmesíes, tinto» (Pellicer).

872-82 *Sellar del fuego,* etc.: se refiere a la costumbre de tomar aperitivos (queso, nueces, aceitunas) para disipar el efecto del vino. *Si la sabrosa oliva / no serenara el Bacanal diluvio:* «aludiendo al aver serenado el ramo de la oliva el diluvio universal» (Pellicer).

883-84 *al canoro / son de la Ninfa un tiempo, ahora caña:* al son de la zampoña o siringa (cf. *su canoro dará dulce instrumento* en la *Dedicatoria),* instrumento formado de las cañas en que la ninfa Siringa, huyendo de Pan, se había transformado.

885 seis de los montes, seis de la campaña
     (sus espaldas rayando el sutil oro
     que negó al viento el nácar bien tejido),
     terno de gracias bello, repetido
     cuatro veces en doce labradoras,
890 entró bailando numerosamente;
     y dulce Musa entre ellas, si consiente
     bárbaras el Parnaso moradoras:

          «Vivid felices, dijo,
     largo curso de edad nunca prolijo;
895 y si prolijo, en nudos amorosos
          siempre vivid Esposos.
     Venza no sólo en su candor la nieve,
     mas plata en su esplendor sea cardada
     cuanto estambre vital Cloto os traslada
900 de la alta fatal rueca al huso breve.
          Sean de la Fortuna
          aplausos la respuesta
          de vuestras granjerías.
          A la reja importuna,
905   a la azada molesta
     fecundo os rinda, en desiguales días,
          el campo agradecido
     oro trillado y néctar exprimido.

886-87   *el sutil oro... el nácar bien tejido:* los cabellos de las bailarinas, sujetos con cintas color de nácar.

892   *bárbaras el Parnaso moradoras: bárbaras* porque campesinas labradoras, pero por su gracia dignas del Parnaso (el reino de los poetas), es decir, del arte culto.

897-900   *Venza no sólo,* etc.: Cloto es una de las Parcas o hadas que hilan el estambre de la vida humana, según la mitología. «Quanta vida os hilaren las hadas sea resplandeciente *[plata cardada],* sea cándida [como la nieve]» (Pellicer). Cfr. Cervantes, *Quijote* (II, 38): «si ya los hados invidiosos y las parcas endurecidas no la han cortado el estambre de la vida».

904-8   Es decir, que *el campo fecundo, agradecido a la reja importuna* (hostigado por ella), *os rinda oro trillado* (espigas de trigo) *y néctar exprimido* (vino). *Desiguales días:* días de la siega y de la vendimia.

Sus morados cantuesos, sus copadas
910 encinas la montaña contar antes
deje que vuestras cabras, siempre errantes,
que vuestras vacas, tarde o nunca herradas.
Corderillos os brote la ribera,
que la hierba menuda
915 y las perlas exceda del rocío
su número, y del río
la blanca espuma, cuantos la tijera
vellones les desnuda.

Tantos de breve fábrica, aunque ruda,
920 albergues vuestros las abejas moren,
y Primaveras tantas os desfloren,
que cual la Arabia madre ve de aromas
sacros troncos sudar fragantes gomas,
vuestros corchos por uno y otro poro
925 en dulce se desaten líquido oro.

Próspera al fin, mas no espumosa tanto
vuestra fortuna sea,
que alimenten la invidia en nuestra aldea
áspides más que en la región del llanto.
930 Entre opulencias y necesidades
medianías vinculen competentes
a vuestros descendientes,
previniendo ambos daños las edades:
ilustren obeliscos las ciudades,

COUPLE MUST FIND BALANCE BETWEEN RICHER + POVERTY

909-18 *Sus morados cantuesos,* etc.: que sean más vacas que los árboles de la montaña (y por su número nunca herradas); sus corderos que excedan las hierbas y las gotas *(perlas)* del rocío, que den más vellones de lana (blanca) que espuma el río.

919-25 *Tantos de breve fábrica,* etc.: «Las abejas ocupen tantas colmenas, y desfloren tantas vezes a la Primavera sus flores, que del modo mismo que la Arabia ve sudar gomas olorosas [mirra] a los troncos, así vuestros corchos por las quebraduras permitan, que se derrame la miel» (Pellicer).

926-43 *Próspera al fin,* etc.: El programa económico de don Luis. «Que sea su fortuna no tan superflua, que engendre más embidiosos en su aldea, que mantiene áspides en el infierno la embidia. Que sea su hazienda mediana, que ni pueda llamarle opulencia, ni rozarle en necesidad... No deseen estar en el trono mayor. La humildad es el mayor se-

935   a los rayos de Júpiter expuesta
       aún más que a los de Febo su corona,
       cuando a la choza pastoral perdona
       el cielo, fulminando la floresta.
       Cisnes pues una y otra pluma, en esta
940   tranquilidad os halle labradora
            la postrimera hora:
       cuya lámina cifre desengaños,
       que en letras pocas lean muchos años.»

       Del himno culto dió el último acento
945   fin mudo al baile, al tiempo que seguida
       la novia sale de villanas ciento
       a la verde florida palizada,
       cual nueva Fénix en flamantes plumas,
       matutinos del Sol rayos vestida,
950   de cuanta surca el aire acompañada
            monarquía canora;
       y vadeando nubes, las espumas
       del Rey corona de los otros ríos,
       en cuya orilla el viento hereda ahora
955   pequeños no vacíos
       de funerales bárbaros trofeos
       que el Egipto erigió a sus Ptolomeos.

---

guro, no ay resguardo como la limitación. Ilústrense las populosas
ciudades con grandes torres y obeliscos, mas expuestos a los rayos [de
Júpiter, a la guerra, al desastre o a la voluntad caprichosa de los gran-
des]... porque siempre los rayos hieren en lo más empinado [los árboles
altos] quando perdonan la choza por humilde... Os halle la muerte [en
la paz del estado de labrador] llenos de canas ambos, ambos Cisnes en
la blancura... En vuestra sepultura... se lean muchos años los desenga-
ños que dieron pocas letras de vuestro epitafio» (Pellicer).

948-57   *cual nueva Fénix:* la novia sale de nuevo tan bella y tan
bellamente vestida como el Fénix resucitando de las cenizas, o como la
salida del sol, acompañada por el canto de los pájaros. *Del Rey corona
de los otros ríos:* «los Egypcios tenían al Fénix por Hieroglífico de la in-
nudación del Nilo» (Pellicer); *funerales bárbaros trofeos... a sus Ptolo-
meos:* las Pirámides, construidas como sepulcros a los reyes egipcios.
En general, los comentaristas sugieren que Góngora creyó que las Pirá-
mides habían desaparecido, dejando *vacíos:* «Estas derribadas... here-

Los árboles que el bosque habían fingido,
umbroso Coliseo ya formando,
960   despejan el ejido,
        Olímpica palestra
de valientes desnudos labradores.
Llegó la desposada apenas, cuando
        feroz ardiente muestra
965 hicieron dos robustos luchadores
de sus músculos, menos defendidos
del blanco lino que del vello obscuro.
Abrazáronse pues los dos, y luego
humo anhelando el que no suda fuego,
970 de recíprocos nudos impedidos,
cual duros olmos de implicantes vides,
yedra el uno es tenaz del otro muro:
mañosos, al fin, hijos de la tierra,
        cuando fuertes no Alcides,
975 procuran derribarse, y derribados,
cual pinos se levantan arraigados
en los profundos senos de la sierra.
Premio los honra igual; y de otros cuatro
ciñe las sienes glorïosa rama,
980 con que se puso término a la lucha.
Las dos partes rayaba del teatro
el Sol, cuando arrogante joven llama
        al expedido salto

---

dó el viento los vazíos que ocupavan» (Pellicer). Pero *vacíos* también
puede ser interpretado en un sentido político-moral —es decir, como
vanidades, ruinas de una ambición excesiva—, de acuerdo con el ideal
de la *mediocritas* pastoril.

956-62 *umbroso Coliseo, Olímpica palestra:* porque don Luis va a
describir los juegos de los labradores y serranos en el campo abierto a la
manera de la oda olímpica de Píndaro.

966-67 *menos defendidos,* etc.: «Haziendo alarde de sus músculos
desnudos, los defendia más el vello negro, que los calzoncillos de lino
blanco» (Pellicer).

970-80 *de recíprocos nudos,* etc.: describe un partido de lucha;
hijos de la tierra alude al gigante Anteo, «que luchando con Hércules
cobraba nuevas fuerzas cada vez que tocaba el campo» (D. Alonso),
como estos luchadores rústicos. *Gloriosa rama:* la rama de la oliva,
premio en los juegos romanos.

la bárbara corona que le escucha.
985   Arras del animoso desafío
un pardo gabán fué en el verde suelo,
a quien se abaten ocho o diez soberbios
montañeses, cual suele de lo alto
calarse turba de invidiosas aves
990   a los ojos de Ascálafo, vestido
de perezosas plumas. Quién de graves
piedras las duras manos impedido,
su agilidad pondera; quién sus nervios
desata estremeciéndose gallardo.
995   Besó la raya pues el pie desnudo
del suelto mozo, y con airoso vuelo
pisó del viento lo que del ejido
tres veces ocupar pudiera un dardo.
La admiración, vestida un mármol frío,
1000   apenas arquear las cejas pudo;
la emulación, calzada un duro hielo,
torpe se arraiga. Bien que impulso noble
de gloria, aunque villano, solicita
a un vaquero de aquellos montes, grueso,
1005   membrudo, fuerte roble,
que, ágil a pesar de lo robusto,
al aire se arrebata, violentando
lo grave tanto, que lo precipita,
Ícaro montañés, su mismo peso
1010   de la menuda hierba el seno blando
piélago duro hecho a su rüina.

984-86   *la bárbara corona:* los campesinos, que desafía este joven
brioso. El salto fue la segunda batalla de los juegos olímpicos.

987-91   *a quien se abaten,* etc.: responden al desafío unos montañe-
ses con la misma rapidez y violencia que una turba de pájaros contra
los ojos del búho, ave en que fue transformado Ascálafo, el delator de
Proserpina (para variaciones sobre este tópico búho, muy particular a
la sensibilidad de don Luis, véase I, 798-800; II, 791-901 y los versos fi-
nales del poema).

1007-11   *violentando... Ícaro:* atreviendo tanto contra su gra-
vedad (es *grueso* y *robusto)* «que su mismo peso le hizo precipitar...
como Ícaro, sirviéndole de mar el prado a su caída» (Pellicer).

Si no tan corpulento, más adusto
    serrano le sucede,
    que iguala y aun excede
1015   al ayuno Leopardo,
al Corcillo travieso, al Muflón Sardo
que de las rocas trepa a la marina
    sin dejar ni aun pequeña
del pie ligero bipartida seña.
1020 Con más felicidad que el precedente,
pisó las huellas casi del primero
    el adusto vaquero.
Pasos otro dió al aire, al suelo coces.
Y premïados gradualmente,
1025 advocaron a sí toda la gente,
Cierzos del llano y Austros de la sierra,
    mancebos tan veloces,
que cuando Ceres más dora la tierra
y argenta el mar desde sus grutas hondas
1030   Neptuno, sin fatiga
    su vago pie de pluma
surcar pudiera mieses, pisar ondas,
    sin inclinar espiga,
    sin violar espuma.
1035 Dos veces eran diez, y dirigidos
a dos olmos que quieren, abrazados,
ser palios verdes, ser frondosas metas,
    salen cual de torcidos
arcos, o nervïosos o acerados,
1040   con silbo igual, dos veces diez saetas.

1016-19 *Muflón Sardo:* «Es un animal de Cerdeña tan cauteloso, que perseguido por los cazadores... se deja caer sobre un cuerno que tiene en la frente, dando en una roca, y desta suerte se arroja a la marina sin dexar señal del pie hendido» (Pellicer).

1024-34 comienza la tercera parte de los juegos, la carrera, con unos jóvenes tan ligeros que parecen vientos de tormenta o Mercurio, el mensajero veloz de los dioses, con pies alados.

1038-40 *salen... con silbo igual:* los veinte corredores «salen, como de los torcidos arcos de nervio o de acero, con un silbido unísono, veinte disparadas saetas» (D. Alonso) hacia el blanco *(palio* o premio,

No el polvo desparece
el campo, que no pisan alas hierba;
es el más torpe una herida cierva,
el más tardo la vista desvanece,
1045   y siguiendo al más lento,
        cojea el pensamiento.
El tercio casi de una milla era
        la prolija carrera
que los Hercúleos troncos hace breves;
1050   pero las plantas leves
        de tres sueltos zagales
la distancia sincopan tan iguales,
que la atención confunden judiciosa.
De la Peneida virgen desdeñosa,
1055 los dulces fugitivos miembros bellos
en la corteza no abrazó reciente
más firme Apolo, más estrechamente,
que de una y otra meta glorïosa
las duras basas abrazaron ellos
1060   con triplicado nudo.
Árbitro Alcides en sus ramas, dudo
        que el caso decidiera,
bien que su menor hoja un ojo fuera
        del lince más agudo.

1065 En tanto pues que el palio neutro pende
y la carroza de la luz desciende
a templarse en las ondas, Himeneo,
por templar en los brazos el deseo

---

meta) formado por los olmos, árbol sagrado a Hércules y por eso
Hercúleo tronco (1049) y más abajo *Arbitro Alcides en sus ra-*
mas (1061).

1052-64 *la distancia sincopan tan iguales:* tres corredores acaban
tan a un tiempo la carrera que los jueces no pueden determinar cuál lle-
gó primero. «Distráese don Luis aora a una comparación gallarda: No
abrazó, dice, con mayor aprieto, con mayor firmeza Apolo los hermo-
sos miembros de la Peneida virgen [de la bella Dafne que huye de sus
amores] transformados en cortezas recientes de laurel, que ellos abra-
zaron los troncos» (Pellicer).

del galán novio, de la esposa bella,
1070   los rayos anticipa de la estrella,
cerúlea ahora, ya purpúrea guía
de los dudosos términos del día.

El juicio, al de todos, indeciso
    del concurso ligero,
1075   el padrino con tres de limpio acero
cuchillos corvos absolvello quiso.
Solícita Junón, Amor no omiso,
al son de otra zampoña, que conduce
Ninfas bellas y Sátiros lascivos,
1080   los desposados a su casa vuelven,
    que coronada luce
de estrellas fijas, de Astros fugitivos,
que en sonoroso humo se resuelven.
Llegó todo el lugar, y despedido,
1085   casta Venus, que el lecho ha prevenido
de las plumas que baten más süaves
en su volante carro blancas aves,
los novios entra en dura no estacada:
que, siendo Amor una Deidad alada,
1090   bien previno la hija de la espuma
a batallas de amor campo de pluma.

1070-72 *los rayos anticipa de la estrella:* la puesta del sol (identifi-
cado con Júpiter, es decir, lo viril) anticipa la salida del planeta Venus
—«purpúreo por la mañana, cerúleo al anochecer» (Pellicer)—, que
marca así los límites del día y que «feminiza» el ambiente.

1077-79 *Solícita Junón:* Juno, como esposa de Júpiter, es la diosa
que preside las nupcias; las *Ninfas* y los *Sátiros* son los campesinos
que vuelven amorosos a sus chozas con los novios.

1082-83 *Astros fugitivos:* otros fuegos artificiales para celebrar los
amores nocturnos en el *sonoro humo* del cielo.

1085-91 *lecho... de las plumas,* etc.: el tálamo de colchón de plu-
ma. Las *blancas aves* del carro de Venus son los cisnes y las palomas.
En contraste con la contienda viril de los luchadores en la *olímpica pa-
lestra,* los novios entran ahora en una *estacada* suave, preparados para
batallas de amor. Campo de pluma: el tálamo, pero también el «cam-
po» de la misma escritura: la página.

SOLEDAD SEGUNDA

Éntrase el mar por un arroyo breve
que a recibillo con sediento paso
de su roca natal se precipita,
y mucha sal no sólo en poco vaso,
5   mas su rüina bebe,
y su fin, cristalina mariposa,
   no alada, sino undosa,
en el Farol de Tetis solicita.
Muros desmantelando pues de arena,
10 Centauro ya espumoso el Oceano,
   medio mar, medio ría,
dos veces huella la campaña al día,
escalar pretendiendo el monte en vano,

1-676 *Cuarto día* (La isla): la *incierta ribera* en la madrugada después de las bodas: el peregrino embarca con dos pescadores: sus faenas: soliloquio del héroe: recorrido de la Isla del *viejo Nereo;* cena y narración de las proezas piscatorias de dos hijas del anciano: quejas de amor de los pescadores Micón y Licidas: intervención del peregrino: himno al Amor.

6-9 *cristalina mariposa,* etc.: el arroyo es como una mariposa de cristal (aguas claras), buscando su muerte en el *farol* de la mar (Tetis, hija de Nereo, y Doris, ninfa del mar). Cf. I, 88-89 (la encina), 210-11 (el río).

10 *Centauro ya espumoso:* «para dezir que estava aquel brazo de mar, la mitad agua salobre, y la otra de agua dulce, esso es *medio mar, medio ría:* del modo mismo que el *Centauro* en medio hombre, y medio caballo» (Pellicer).

                    de quien es dulce vena
15   el tarde ya torrente
        arrepentido, y aun retrocediente.
        Eral lozano así novillo tierno,
                    de bien nacido cuerno
                    mal lunada la frente,
20   retrógrado cedió en desigual lucha
        a duro toro, aun contra el viento armado:
                    no pues de otra manera
                    a la violencia mucha
        del Padre de las aguas, coronado
25   de blancas ovas y de espuma verde,
        resiste obedeciendo, y tierra pierde.
                    En la incierta ribera,
                guarnición desigual a tanto espejo,
        descubrió la Alba a nuestro peregrino
30   con todo el villanaje ultramarino,
        que a la fiesta nupcial de verde tejo
        toldado ya capaz tradujo pino.

        Los escollos el Sol rayaba, cuando
                    con remos gemidores
35   dos pobres se aparecen pescadores,
        nudos al mar de cáñamo fiando.
        Ruiseñor en los bosques no más blando
        el verde robre, que es barquillo ahora,
                    saludar vió la Aurora,
40   que al uno en dulces quejas, y no pocas,
        ondas endurecer, liquidar rocas.

17-26 *Eral lozano,* etc.: *Así el novillo eral* (de dos años), *tierno y lo-zano* (de cuernos pocos crecidos —*mal lunada la frente), cedió* tierra a un *duro toro.* La escena pastoril describe «el modo con que el arroyo impedido de los embates del mar [el duro toro, Padre de la aguas] ceja atrás» (Pellicer).

27-28 *incierta ribera:* incierta por desconocida del peregrino, como opina Pellicer, o «porque siempre está cambiando con el flujo y reflujo de las aguas» (D. Alonso). La *ribera* es como marco de un espejo que es el mar.

32   *pino:* embarcación toldada de verdes ramas.

33-41 *...el Sol rayaba:* compárese el amanecer del albergue, *cuando las aves, / esquilas dulces de sonora pluma, / señas dieron süaves / del*

Señas mudas la dulce voz doliente
    permitió solamente
a la turba, que dar quisiera voces
45 a la que de un Ancón segunda haya,
cristal pisando azul con pies veloces,
salió improvisa, de una y otra playa
vínculo desatado, instable puente.
    La prora diligente
50 no sólo dirigió a la opuesta orilla,
mas redujo la música barquilla
que en dos cuernos del mar caló no breves
sus plomos graves y sus corchos leves.
Los senos ocupó del mayor leño
55   la marítima tropa,
    usando al entrar todos
cuantos les enseñó corteses modos
en la lengua del agua ruda escuela,
con nuestro forastero, que la popa
60 del canoro escogió bajel pequeño.
    Aquél las ondas escarchando, vuela;
éste con perezoso movimiento
el mar encuentra, cuya espuma cana
    su parda aguda prora
65   resplandeciente cuello
hace de augusta Coya Peruana,
a quien hilos el Sur tributó cïento
    de perlas cada hora.

---

alba al Sol (I, 176-81). Aquí «no vio la barca siendo árbol en la selva
Ruiseñor saludar tan dulcemente a la Aurora» (Pellicer), que las *dulces
quejas* de la canción del pescador.

    45-46 *Ancón:* ensenada o caleta de la ría. *Pies veloces:* los remos.

    48-53 *vínculo desatado,* etc.: el barco tiende un puente movible
entre las dos riberas de la ría. Se dirige a donde espera la *marítima tro-
pa* (55), trayendo consigo también la barquilla de los pescadores; han
lanzado sus redes al mar, y forman éstas dos «*cuernos*» de su barquilla.

    60-63 *...escogió bajel pequeño:* el peregrino embarca en la bar-
quilla de los pescadores, que *vuela* porque es menos cargada.

    63-68 *cuya espuma cana,* etc.: «iba encontrando la proa [del barco
mayor] las aguas y levantando espuma en torno, pues esta espuma ha-
zía que pareciesse la proa [parda] garganta de la Emperatriz del Perú,

Lágrimas no enjugó más de la Aurora
70   sobre víolas negras la mañana,
que arrolló su espolón con pompa vana
caduco aljófar, pero aljófar bello.
Dando el huésped licencia para ello,
recurren no a las redes, que mayores
75   mucho Océano y pocas aguas prenden,
sino a las que ambiciosas menos penden,
laberinto nudoso de marino
Dédalo, si de leño no, de lino,
fábrica escrupulosa, y aunque incierta,
80   siempre murada, pero siempre abierta.

Liberalmente de los pescadores
al deseo el estero corresponde,
sin valelle al lascivo Ostión el justo
        arnés de hueso, donde
85   lisonja breve al gusto,
        mas incentiva, esconde:
contagio original quizá de aquella
        que, siempre hija bella
        de los cristales, una
90   venera fué su cuna.

---

dicha *Coya,* que traya al cuello grande cantidad de perlas» (Pellicer),
joyas que le produce el mar Pacífico *(Sur tributó).*

69-72   *Lágrimas,* etc.: El sol de la mañana no enjuga tantas gotas de
rocío sobre las flores como las que arroja en espumas el espolón. La es-
puma es *caduco aljófar* (el aljófar es una perla irregular, la llamada
«perla barroca») porque dura sólo un instante.

77-80   *laberinto... Dédalo:* el laberinto de Creta fabricado por Dé-
dalo para encerrar al Minotauro. Las redes son así un laberinto de *lino:
Fábrica escrupulosa, y aunque incierta, / siempre murada, pero
siempre abierta* (79-80). El concepto sugiere la construcción poética de
las *Soledades* mismas.

83-90   *sin valelle al lascivo ostión,* etc.: «No le sirvio al Ostión la
concha dura donde encierra entre la breve lisonja que hace al gusto [su
sabor], incentivo mayor para la luxuria, a caso contraída esta
propiedad lasciva de la concha impura de Venus» (Pellicer). Alusión al
supuesto efecto afrodisíaco de la ostra. La concha de Venus *(hija bella
de los cristales)* es la *venera;* ostra y venera por su forma sugieren el
mons veneris femenino —de ahí la creencia de que los mariscos
provocan el deseo erótico.

Mallas visten de cáñamo al Lenguado,
mientras en su piel lúbrica fiado
el Congrio, que viscosamente liso
las telas burlar quiso,
95   tejido en ellas se quedó burlado.
Las redes califica menos gruesas,
sin romper hilo alguno,
pompa el Salmón de las Rëales mesas,
cuando no de los campos de Neptuno,
100   y el travieso Robalo,
guloso de los Cónsules regalo.
Estos y muchos más, unos desnudos,
otros de escamas fáciles armados,
dió la ría pescados,
105   que nadando en un piélago de nudos,
no agravan poco al negligente robre,
espaciosamente dirigido
al bienaventurado albergue pobre,
que de carrizos frágiles tejido,
110   si fabricado no de gruesas cañas,
bóvedas lo coronan de espadañas.

El peregrino pues, haciendo en tanto
instrumento el bajel, cuerdas los remos,
al Céfiro encomienda los extremos
115   deste métrico llanto:

98-101 *pompa de Reales mesas, de los Cónsules regalo:* el salmón y
el róbalo «tuviéronle los antiguos entre las demás delicias gulosas»
(Pellicer); es decir, pescados que se consideran comida lujosa, cor-
tesana.

105-11 *nadando en un piélago de nudos,* etc.: el peso de la pesca en
las redes *(piélagos de nudos)* retarda *(agrava)* la velocidad del bar-
quillo, que se dirige ahora hacia una barraca *(bienaventurado albergue
pobre)* hecha de ramas (cf. *retamas sobre robre / tu fábrica son pobre*
del albergue de los cabreros en la *Soledad primera).*

114 *al Céfiro:* al viento. El Céfiro (o también Favonio) se llama el
viento del oeste que trae olor de flores y se considera favorable a la ve-
getación.

«Si de aire articulado
no son dolientes lágrimas süaves
estas mis quejas graves,
voces de sangre, y sangre son del alma.
120   Fíelas de tu calma,
ô mar, quien otra vez las ha fiado
de tu fortuna aun más que de su hado.

»¡Ô mar, ô tú, supremo
moderador piadoso de mis daños!
125   Tuyos serán mis años,
en tabla redimidos poco fuerte
de la bebida muerte,
que ser quiso en aquel peligro extremo,
ella el forzado y su guadaña el remo.

130   »Regiones pise ajenas,
o clima propio, planta mía perdida.
Tuya será mi vida,
si vida me ha dejado que sea tuya
quien me fuerza a que huya
135   de su prisión, dejando mis cadenas
rastro en tus ondas más que en tus arenas.

116-70: Soliloquio el peregrino. Ocupa el lugar de la oda
pastoril «Bienaventurado albergue» en la *Soledad primera,* 94-135.

116-22: «Si estas quexas mías no son lágrimas del ayre, son vo-
zes de sangre, y sangre del alma. Contrapone aquí D.L. los epíte-
tos, las *vozes* son del ayre, las *lágrimas* de la sangre» (Pellicer).
Otra vez, etc.: refiere a su salvación del naufragio.
123-29: *en tabla redimidos:* el *Delfín no pequeño* del naufragio
(I, 15-19). *La bebida muerte,* etc.: sin la tabla que le sirvió como
«delfín», el peregrino se hubiera encomendado al barco de la
muerte, cuyo remo es la *guadaña* que corta la vida («guadaño»
se llama una especie de esquife o caique con proa aguda).
130-36: *Quien me fuerza,* etc.: la *enemiga amada* (151) del pe-
regrino. Podría referirse a una mujer concreta; pero también
podría ser una alegoría de la Corte o patria de la cual el peregri-
no se siente desterrado: *planta mía perdida.* (Góngora escribe las
Soledades en una suerte de semiexilio de la corte imperial.) Las
cadenas son los efectos del amor que todavía arrastra el peregri-

>>Audaz mi pensamiento
el Cenit escaló, plumas vestido,
cuyo vuelo atrevido,
140   si no ha dado su nombre a tus espumas,
de sus vestidas plumas
conservarán el desvanecimiento
los anales diáfanos del viento.

>>Esta pues culpa mía
145   el timón alternar menos seguro
y el báculo más duro
un lustro ha hecho a mi dudosa mano,
solicitando en vano
las alas sepultar de mi osadía
150   donde el Sol nace o donde muere el día.

---

no, a pesar de haber escapado de su *prisión* (¿la corte?). Cf. **II**,
665-66: *Al peregrino por tu causa vemos / alcázares dejar...*

137-43   ...*el Cenit escaló:* como Ícaro. Alegoría de la escritura
como atrevimiento amoroso-intelectual. El peregrino es aquí la
máscara y la voz del propio poeta. *Si no ha dado su nombre:* el mar
de Creta donde Ícaro cayó tiene el nombre de Icario (Garcilaso,
en su soneto 12: *Aquel que con las alas derretidas / cayendo fama
y nombre al mar ha dado). Anales diáfanos:* cf. *caracteres tal vez for-
mando alados / en el papel diáfano del cielo/ las plumas de su vuelo*
(I, 610-11). El mito de Ícaro sirvió a la didáctica como ejemplo de
los límites del conocimiento humano: *noli altum sapere* —es decir (en
la interpretación medieval), no atreverse a conocer las cosas «altas»—.
Pero Góngora tendrá en cuenta aquí también el sentido de Ícaro
como arquetipo del intelectual, muy difundido en el siglo XVII: el que
se atreve peligrosamente a revelar *arcana naturae,* los secretos de
la naturaleza. Como señala Carlo Ginsburg en un estudio interesante
sobre el tema: «Las ideas mismas de "peligro" y "novedad" co-
mienzan a ser vistas como valores positivos en una sociedad fundada
más y más sobre el comercio. *Nil linguere inausum* (atreverse a todo)
reemplaza el *noli altum sapere* escolástico.» («High and Low: The
Theme of Forbidden Knowledge», en la revista inglesa *Past and
present,* 73 [1977], pág. 38. Traducción mía del inglés.) El vuelo
de Ícaro, en este sentido, sería una alegoría del trabajo poético de
Góngora, del «vuelo peligroso» de sus invenciones lingüísticas.

144-50   es decir, *esta culpa* (de haberse atrevido demasiado alto
como Ícaro) *ha hecho alternar a mi dudosa mano el timón menos
seguro y el báculo más duro* (le ha obligado de viajar por mar y
tierra) por *un lustro* (cinco años). El peregrino muestra un deseo

»Muera, enemiga amada,
muera mi culpa, y tu desdén le guarde,
   arrepentido tarde,
suspiro que mi muerte haga leda,
155   cuando no le suceda,
o por breve o por tibia o por cansada,
lágrima antes enjuta que llorada.

»Naufragio ya segundo,
o filos pongan de homicida hierro
160   fin duro a mi destierro;
tan generosa fe, no fácil onda,
      no poca tierra esconda:
urna suya el Océano profundo,
y obeliscos los montes sean del mundo.

165   »Túmulo tanto debe
agradecido Amor a mi pie errante;
      líquido pues diamante
calle mis huesos, y elevada cima
      selle sí, mas no oprima,
170   esta que le fiaré ceniza breve,
si hay ondas mudas y si hay tierra leve.»

---

de buscar la muerte *(las alas sepultar de mi osadía)* que desarrolla
en las siguientes estrofas.

151-157 «Después de muerto, yo aunque tu desdén fue tan
grande… arroje un suspiro (arrepintiéndose tarde de aver me maltra-
tado) que me haga más suave la muerte… si acaso al suspiro tuyo
no sucede alguna breve lágrima» (Pellicer).

158-71: *filos de homicida hierro:* la muerte en la guerra o bajo el
hacha del verdugo. La *generosa fe* (161) del peregrino es tanta que
merece el mundo entero como monumento fúnebre. *Calle de mis hue-
sos* (168): esconda; *elevada cima/ selle sí, mas no oprima:* «de la
superstición de los antiguos, que creían que les dolía a los cadáveres
ya insensibles, si entre la tierra les mezclaban… piedras, y por esto
les cubrían de tierra desmenuzada» (Pellicer). Así, *si hay tie-
rra leve* (171).

No es sordo el mar (la erudición engaña);
　　　bien que tal vez sañudo
no oya al piloto o le responda fiero,
175　sereno disimula más orejas
　　　que sembró dulces quejas,
canoro labrador, el forastero
　　　en su undosa campaña.
Espongioso pues se bebió y mudo
180　el lagrimoso reconocimiento,
de cuyos dulces números no poca
　　　concentüosa suma
en los dos giros de invisible pluma
que fingen sus dos alas, hurtó el viento;
185　Eco vestida una cavada roca
solicitó curiosa, y guardó avara
la más dulce, si no la menos clara
　　　sílaba, siendo en tanto
la vista de las chozas fin del canto.

190　Yace en el mar, si no continüada
isla, mal de la tierra dividida,
cuya forma Tortuga es perezosa:
díganlo cuantos siglos ha que nada
sin besar de la playa espacïosa
195　la arena, de las ondas repetida.
A pesar pues del agua que la oculta,

172-78 *No es sordo el mar,* etc.: «porque cuando está sereno disimula orejas» (Pellicer); es decir, corre con rizos. Cf. I, 558-60: *mientras el arroyuelo para oílla/ hace de blanca espuma/ tantas orejas cuantas guijas lava.*

181 *dulces números:* los versos de la égloga piscatoria.

183-84 *dos giros... dos alas:* una brisa, que aparece como un Cupido alado protector de los amantes.

185 *Eco:* La roca que hace resonar las palabras del canto. En la mitología clásica, Eco era una ninfa enamorada de Narciso, el cual sería arquetipo del muy ensimismado peregrino. Cuando éste muere, ella pierde por dolor su propia voz y sólo puede repetir los sonidos que llegan a ella.

190-95 *Yace,* etc.: «una Isla mal dividida de la tierra, semejante a una tortuga en la hechura, y en la pereza, pues nadando tantos siglos ha

concha, si mucha no, capaz ostenta
de albergues, donde la humildad contenta
mora, y Pomona se venera culta.
200   Dos son las chozas, pobre su artificio,
mas, aunque caduca su materia,
de los mancebos dos la mayor, cuna;
de las redes la otra y su ejercicio
            competente oficina.
205   Lo que agradable más se determina
del breve islote, ocupa su fortuna,
los extremos del fausto y de miseria
moderando.

En la plancha los recibe
el padre de los dos, émulo cano
210   del sagrado Nereo, no ya tanto
porque a la par de los escollos vive,

---

en el mar, nunca se ha podido juntar con la playa» (Pellicer). Así, también es *concha* (197) la Isla.

199   *Pomona... culta:* diosa de los huertos, esposa de Vertumno (236).

200   *Dos son las chozas:* es de notar la preocupación de Góngora con la duplicación a través de esta *soledad,* comenzando con el *medio mar, medio ría* del prefacio descriptivo. Leo Spitzer observó que «este juego con dos... parece en verdad una exteriorización del desdoblamiento de la personalidad del poeta (o del protagonista que observa las cosas como él)». («La *Soledad primera* de Góngora», *Revista de Filología Hispánica,* II [1940], 171-72.)

201: D. Alonso transcribe este verso en su edición: *más aun que caduca su materia,* siguiendo en esto al comentarista barroco Díaz de Rivas* («dice que el artificio de la choza era inferior a su materia, para exagerar su pobreza»).

Encuentro esto demasiado rebuscado, y prefiero la versión del Ms. Chacón que doy aquí: *mas, aunque caduca su materia.* Es decir, aunque hecha con materia caduca, sirve perfectamente bien como albergue (cuna) a los pescadores y *competente oficina* (204) de las redes y el equipo de la pesca.

207-8 *Los extremos... moderando:* otra vez el ideal de la *mediocritas* económica. Cf. I, 930-32: *entre opulencias y necesidades/ medianías vinculen competentes/ a vuestros descendientes.*

210 *Nereo:* el padre anciano de los pescadores y de las seis hermanas que vemos más tarde se parece al dios marino Nereo, famoso por sus muchas hijas, las Nereidas, entre las que se cuenta la Galatea del *Polifemo.*

130

porque en el mar preside comarcano
al ejercicio piscatorio, cuanto
por seis hijas, por seis deidades bellas,
215   del cielo espumas y del mar estrellas.

Acogió al huésped con urbano estilo,
y a su voz, que los juncos obedecen,
tres hijas suyas cándidas le ofrecen,
que engaños construyendo están de hilo.
220   El huerto le da esotras, a quien debe
si púrpura la rosa, el lilio nieve.
De jardín culto así en fingida gruta
salteó al labrador pluvia improvisa
de cristales inciertos a la seña,
225   o a la que torció llave el fontanero,
urna de Acuario la imitada peña
le embiste incauto; y si con pie grosero
para la fuga apela, nubes pisa,
burlándolo aun la parte más enjuta.
230   La vista saltearon poco menos
        del huésped admirado
las no líquidas perlas, que al momento
a los corteses juncos, porque el viento
nudos les halle un día, bien que ajenos,
235   el cáñamo remiten anudado,

---

216   *con urbano estilo:* aunque es una figura bucólica. Inversión muy típica del conceptismo gongorino. Cf. *Polifemo,* dedicatoria: *culta sí, aunque bucólica, Talía.*

220-32   *El huerto le da esotras,* etc.: largo e intrincado perífrasis culterano. Las otras hijas salen de improviso del huerto, tan lindas de color que parecen rosas y lilios (221) o, más adelante (232), *no líquidas perlas.* El efecto de su belleza sobre el peregrino se alegoriza por una burla cortesana: «en los jardines de Aranjuez... saltean al labrador incauto los caños de agua que manan por entre ladrillos, a la seña, o al torcer de la llave del fontanero... y pareciendo la peña contrahecha [convertida en agua, en el cántaro del signo de Acuario] le enviste, cogiéndole desprevenido» (Pellicer).

233-35   *corteses juncos:* corteses porque se inclinan con el viento ante las muchachas. En los juncos han puesto las redes; así, *nudos les halle el viento, aunque ajenos.* «Alude D. L. al adagio Español, *Buscar nudos en el junco,* originado del Latino, *Nodum in scypro quaerere*»

131

y de Vertumno al término labrado
el breve hierro, cuyo corvo diente
las plantas le mordía cultamente.
Ponderador saluda afectuoso
240   del esplendor que admira el extranjero
al Sol, en seis luceros dividido;
y honestamente al fin correspondido
        del coro vergonzoso,
al viejo sigue, que prudente ordena
245   los términos confunda de la cena
la comida prolija de pescados,
raros muchos, y todos no comprados.

Impidiéndole el día al forastero,
con dilaciones sordas le divierte
250   entre unos verdes carrizales, donde
armonïoso número se esconde

(Pellicer). *(Buscar nudos en el junco* equivale más o menos *buscarle tres pies al gato.)*

236-38   *de Vertumno... el término:* el huerto donde estaban trabajando los otras tres hijas del pescador. Vertumno es dios del cultivo de las frutas. *El breve hierro:* el podón o escardillo.

239-43:   *Ponderador saluda,* etc.: el peregrino saluda encarecidamente a las seis hermanas (bellas y radiantes como el Sol); ellas hechas *coro vergonzoso* por esta atención masculina le corresponden *honestamente.*

247   *raros muchos y no comprados:* detalle superfluo, si no se toma en cuenta la crítica que va desarrollando Góngora contra el «interés» mercantil y la vida cortesana, dominada por la lujuria excesiva. Aquí, aunque los pescados de la comida serán muchos y exquisitos, son producto de la industria de la familia y de la utilidad que ofrece a esta industria una Naturaleza extraordinariamente pródiga.

248-336   Una especie de *ronda* descriptiva en que el peregrino y el *viejo Nereo* visitan la hacienda que ofrece la Isla. Invita comparación con la narración épica del serrano en la *Soledad primera* (I, 336-502). Allí la codicia y el deseo de expansión en el espacio —el imperialismo— condujeron al desastre de las *metales homicidas.* Aquí el pescador es *geómetra prudente* (381) dentro del *breve espacio* de la Isla, espacio, sin embargo, que le da todo lo necesario para la vida; así, es *de muchos pocos numeroso dueño* (316). La *ronda* se divide en siete escenas que emblematizan la providencia de una economía natural: los Cisnes (248-62), las Palomas (263-74), los Conejos (275-82), las Abejas (283-301), las Cabras (303-13), la Fuente (314-27), el Huerto (327-36).

de blancos cisnes, de la misma suerte
que gallinas domésticas al grano,
a la voz concurrientes del anciano.
255   En la más seca, en la más limpia anea
vivificando están muchos sus huevos,
y mientras dulce aquél su muerte anuncia
        entre la verde juncia,
sus pollos éste al mar conduce nuevos,
260   de Espío y de Nerea
cuanto más obscurecen las espumas,
nevada invidia, sus nevadas plumas.
Hermana de Faetón, verde el cabello,
les ofrece el que, joven ya gallardo,
265   de flexüosas mimbres garbín pardo
tosco le ha encordonado, pero bello,
lo más liso trepó, lo más sublime
venció su agilidad, y artificiosa
tejió en sus ramas inconstantes nidos,
270   donde celosa arrulla y ronca gime
la ave lasciva de la Cipria Diosa.
Mástiles coronó menos crecidos
gavia no tan capaz: extraño todo,
el designio, la fábrica y el modo.
275   A pocos pasos le admiró no menos

257-59: *Mientras... nuevos:* mientras un cisne viejo anuncia su muerte (se pensaba en la tradición que el canto de cisne anunciaba su muerte), otro protege sus nuevos pollos: simultaneidad de origen y fin de la vida. Lo que la Naturaleza quita, restaura en la forma de nueva vida: lo viejo cede a lo joven.

260-62 *Espío y Nerea:* ninfas del mar, hijas de Nereo (ver nota al verso 210), indentificadas con la blancura de la espuma, pero aquí «envidiosas» de la blancura virginal de los polluelos.

263-66 *Hermana de Faetón,* etc.: en álamos fueron transformadas las hermanas de Faetón. Así, la copa del árbol es como el *cabello verde* de una mujer ceñida con la redecilla de un *garbín pardo,* es decir, la palomera tejida de mimbres.

271 *la ave lasciva:* la paloma; *Cipria Diosa:* Venus, cuyo culto originó en Chipre.

273. *gavia:* «que son aquellos cestones donde suben los Grumetes» (Pellicer). El palomar estaba más alto que el mástil de un barco (contrapunto de lo pastoril y lo épico).

montecillo, las sienes laureado,
traviesos despidiendo moradores
        de sus confusos senos,
conejuelos, que el viento consultado,
280   salieron retozando a pisar flores:
el más tímido, al fin, más ignorante
        del plomo fulminante.
Cóncavo fresno, a quien gracioso indulto
de su caduco natural permite
285   que a la encina vivaz robusto imite,
y hueco exceda al alcornoque inculto,
verde era pompa de un vallete oculto,
cuando frondoso alcázar no de aquella
que sin corona vuela y sin espada,
290   susurrante amazona, Dido alada,
de ejército más casto, de más bella
República ceñida, en vez de muros,
de cortezas; en esta pues Cartago
reina la abeja, oro brillando vago,
295   o el jugo beba de los aires puros,
o el sudor de los cielos, cuando liba
de las mudas estrellas la saliva;
burgo eran suyo el tronco informe, el breve
corcho, y moradas pobres sus vacíos,
300   del que más solicita los desvíos
de la isla, plebeyo enjambre leve.

---

279 *el viento consultado:* «porque los conejos antes de salir huelen
el viento, para no caminar por donde aya olor ni rastro de gente» (Pelli-
cer). Por eso «ignoran» (281-82) el *plomo fulminante* (las balas de los
cazadores).

283-87 *Cóncavo fresno,* etc.: «que por privilegio de su naturaleza
frágil [caduca], imitava a la encina en lo vividora, y al alcornoque en lo
hueco»; sitio de una colmena. *Vallete oculto:* «porque las colmenas
han de estar retiradas» (Pellicer).

288-301 alegoría en que se compara la colmena a la *república* de
Dido en Cartago durante la antigüedad. *Dido alada* es entonces la reina
abeja; *susurrante Amazona* (290) porque en su enojo marcial se parece
a la casta Pentasilea reina de los ejércitos de las amazonas. *Sin espada:*
Dido se suicida después de ser abandonada por Eneas con su propia es-
pada. 294-97 *oro... jugo... sudor... saliva:* «que brilla oro en sus alas
doradas, o beba el xugo puro de los ayres al anochecer... o el sudor de

Llegaron luego donde al mar se atreve,
si promontorio no, un cerro elevado,
     de cabras estrellado,
305   iguales, aunque pocas,
a la que, imagen décima del cielo,
flores su cuerno es, rayos su pelo.
«Éstas, dijo el isleño venerable,
y aquéllas que, pendientes de las rocas,
310 tres o cuatro desean para ciento
(redil las ondas y pastor el viento),
libres discurren, su nocivo diente
paz hecha con las plantas inviolable.»

Estimando seguía el peregrino
315   al venerable isleño,
de muchos pocos numeroso dueño,
cuando los suyos enfrenó de un pino
el pie villano, que groseramente
los cristales pisaba de una fuente.
320 Ella pues sierpe, y sierpe al fin pisada,
alfójar vomitando fugitivo
     en lugar de veneno,
torcida esconde, ya que no enroscada,
las flores, que de un parto dio lascivo
325 aura fecunda al matizado seno

---

los cielos, el rocío de la mañana, quando liba la saliva de las estrellas [es decir, produce su miel dorada]» (Pellicer). 301 *plebeyo enjambre:* en los huecos del fresno, como en habitaciones de arrabal o barriadas, viven las abejas trabajadoras, que son así el «plebe» de esta ciudad-colmena, que se esparce por toda la Isla en sus labores.

306-10   *imagen décima del cielo:* el signo de Capricornio, décimo del Zodíaco. Las cabras, como no son muchas, parecen *estrellados* sobre la hierba. El cuerno de Capricornio o de Amaltea es la Cornucopia, símbolo de las utilidades que regala la Naturaleza en abundancia. Cf. I, 203-204.

310   *tres o cuatro desean para ciento:* por el notorio apetito sexual de las cabras; así, más abajo (316), el anciano es *de muchos pocos numeroso dueño.*

317-27   *enfrenó de un pino,* etc.: los pies del peregrino topan con el *pie villano* (las raíces) de un pino, que parece así pisar las aguas claras de una fuente (que se opone al paso de su corriente). El arroyo forma

135

del huerto, en cuyos troncos se desata
de las escamas que vistió de plata.
Seis chopos de seis yedras abrazados,
tirsos eran del Griego Dios, nacido
330   segunda vez, que en pámpanos desmiente
        los cuernos de su frente;
y cual mancebos tejen anudados
festivos corros en alegre ejido,
coronan ellos el encanecido
335   suelo de lilios, que en fragantes copos
nevó el Mayo a pesar de los seis chopos.

Este sitio las bellas seis hermanas
        escogen, agraviando
en breve espacio mucha Primavera
340   con las mesas, cortezas ya livianas
del árbol que ofreció a la edad primera
duro alimento, pero sueño blando.

---

entonces una especie de sierpe cristalina que, pisada, escupe *(vomita)* aljófar (gotas de blanca espuma) en vez de veneno; y torciendo su curso por el huerto, esconde y revela a la vez flores, que por su olor en la brisa son como *parto lascivo* de un *aura fecunda;* pierde al fin sus aguas *(escamas de plata)* entre los árboles del huerto, los riega.

329-31   *tirsos eran del Griego Dios:* «eran estos unos dardos arrojadizos, que coronaban de yedra en las solenidades de Baco las Baccantes que celebravan Orgías... Llama *nacido segunda vez* a Baco porque nació la primera de las cenizas de Semele [su madre, abrasada por haber copulado con Júpiter], y la segunda del muslo de Iúpiter [donde el feto fue transplantado para completar el periodo de gestación]» (Pellicer). Baco se representaba con cuernos en la frente, es decir, como hombre-cabra; como dios de las vides, muere cada invierno y renace en mayo.

336   *nevó el Mayo a pesar de los seis chopos:* los seis chopos, cual bacantes cogidas de la mano en un alegre ejido (333), forman un mayo (postes adornados de flores en las fiestas del primero de mayo), del cual descienden como nieve al suelo pétalos *(copos)* de lilio. *A pesar de* que los chopos tienen una corteza negra.

339   *en breve espacio mucha Primavera:* ponen muchas flores en la mesa.

340-42   *cortezas...del árbol,* etc.: «las mesas eran de corcho, cortezas de la encina, que en el siglo primero [la Edad de Oro] dio a los hombres bellotas duras por alimento, y blando sueño, porque dormían

Nieve hilada, y por sus manos bellas
caseramente a telas reducidas,
345   mantels blancos fueron.
Sentados pues sin ceremonias, ellas
en torneado fresno la comida
con silencio sirvieron.
Rompida el agua en las menudas piedras,
350   cristalina sonante era tiorba,
y las confusamente acordes aves
entre las verdes roscas de las yedras,
muchas eran, y muchas veces nueve
aladas Musas, que de pluma leve
355   engañada su oculta lira corva,
metros inciertos sí, pero süaves,
en idïomas cantan diferentes,
mientras, cenando en pórfidos lucientes,
lisonjean apenas
360   al Júpiter marino tres Sirenas.

Comieron pues, y rudamente dadas
gracias el pescador a la Divina

---

debaxo de las encinas» (Pellicer). Remeniscencia del albergue quasi-
arcadiano de los cabreros en la *Soledad primera:* e.g. *Sobre corchos
después, mas regalado/ sueño le solicitan pieles blandas* (I, 163-64).

347   *torneado fresno:* una vajilla de madera. Cf. el *boj* de I, 145.

349-60 *Cristalina tiorba,* etc.: el agua del arroyo de la fuente rom-
piéndose en las piedras era como una tiorba (una especie de lira). Cf. I,
345-49:

> *efectos, si no dulces, del concento,*
> *que en las lucientes de marfil clavijas*
> *las duras cuerdas de las negras guijas*
> *hizieron a su curso acelerado.*

Mientras tanto, las aves *(aladas Musas)* en los árboles cantan en
idiomas diferentes (varias voces de ave) y se oyen sonidos agradables
sobre el mar *(lisonjean Sirenas* a Néptuno, el *Júpiter* o padre de las
aguas). *Engañada su oculta lira* (355): las plumas de las aves cubren sus
cuerpos. «Que moralizado este periodo de don Luis quiere dezir que
son más sabrosos los manjares en la soledad, al son del murmurio de
las fuentecillas, y música de los hilgueros, que en las cortes oyendo can-
tar los músicos más perfectos» (Pellicer).

próvida mano, «¡Ô bien vividos años!
¡Ô canas, dijo el huésped, no peinadas
365   con boj dentado o con rayada espina,
sino con verdaderos desengaños!
Pisad dichoso esta esmeralda bruta,
en mármol engastada siempre undoso,
jubilando la red en los que os restan
370   felices años, y la humedecida
                o poco rato enjuta,
        próxima arena de esa opuesta playa,
                la remota Cambaya
        sea de hoy más a vuestro leño ocioso,
375   y el mar que os la divide, cuanto cuestan
                Océano importuno
        a las Quinas, del viento aun veneradas,
                sus ardientes veneros,
        su Esfera lapidosa de luceros.
380   »Del pobre albergue a la barquilla pobre,
        geómetra prudente, el orbe mida
                vuestra planta, impedida
        si de purpúreas conchas no istriadas,

364-87   Discurso del peregrino celebrando la prudente medianía que
mantiene su huésped en la Isla. Paralelo el discurso nupcial de la *Sole-
dad primera* (I, 893-943), con su imagen de un estado de bienestar *entre
opulencias y necesidades*.
364-66   *no peinadas/ con boj dentado,* etc.: los peines vie-
nen a ser aquí signos de la vanidad cortesana, contrapuesto
a los *verdaderos desengaños* que gobiernan la vida simple y reti-
rada del anciano.
367-68   *esmeralda bruta... engastada:* la Isla en el *nudoso mármol*
del mar.
373   *la remota Cambaya:* «respeto de no salir de la Isla el Anciano,
la playa, aunque vezina, esté tan lejos della, como de Cambaya» (Pe-
llicer).
375-79   *a las Quinas,* etc.: «que aquel poco espacio de Mar que ay
desde una playa a otra, sea para él [el anciano] la misma distancia de
mares que navegan los Portugueses desde España a la India, en busca
de los veneros de las piedras preciosas. Son las *Quinas* las armas del
reyno de Portugal, dibujadas en cinco escudos, partidas con una Cruz»
(Pellicer).

de trágicas rüinas de alto robre,
385   que el tridente acusando de Neptuno,
menos quizá dió astillas
que ejemplos de dolor a estas orillas.»

«Días ha muchos, ô mancebo, dijo
el pescador anciano,
390   que en el uno cedí y el otro hermano
el duro remo, el cáñamo prolijo;
muchos ha dulces días
que cisnes me recuerdan a la hora
que huyendo la Aurora
395   las canas de Titón, halla las mías,
a pesar de mi edad, no en la alta cumbre
de aquel morro difícil, cuyas rocas
tarde o nunca pisaron cabras pocas,
y milano venció con pesadumbre,
400   sino desotro escollo al mar pendiente;
de donde ese teatro de Fortuna
descubro, ese voraz, ese profundo
campo ya de sepulcros, que sediento,
cuanto en vasos de abeto Nuevo Mundo,
405   tributos digo Américos, se bebe
en túmulos de espuma paga breve.

384-85   *trágicas rüinas... Neptuno:* las ruinas de las embarcaciones.
Cf. I, 413-14, que describe el viaje de Colón: *Abetos suyos tres aquel
tridente/ violaron a Neptuno;* I, 439-40: *infamar blanqueando sus
arenas/ con tantas del primer atrevimiento/ señas;* y II, 135-36: *dejan-
do mis cadenas/ rastro en tus ondas más que en tus arenas.*

393-95   *cisnes me recuerdan... canas de Titón:* la canción de los cis-
nes en el alba, cuando el sol parece huir de las canas del anciano Titón,
dios marino. «Titón por su hermosura fue amado de la Aurora tanto,
que impetró de las Parcas la inmortalidad para él; pero olvidándose de
pedillas que no se envejeciesse, con el tiempo caducó tanto, que le me-
cían como niño en cuna; dexóle la Aurora» (Pellicer).

401   *teatro de Fortuna:* el mar. Tópico muy barroco: cf. el «teatro
del mundo» de Calderón. *Fortuna* significa a la vez «ganancia», «ri-
queza» o «adversidad», «tormenta».

404-5   *vasos... tributos... bebe:* los *metales homicidas* de la *Soledad
primera* —el oro y la plata americanos— que el mar ha tragado, pa-
gando en recompensa sólo sus espumas.

Bárbaro observador, mas diligente,
de las inciertas formas de la Luna,
a cada conjunción su pesquería,
410 y a cada pesquería su instrumento
más o menos nudoso atribuido,
mis hijos dos en un batel despido,
que, el mar cribando en redes no comunes,
vieras intempestivos algún día
415 (entre un vulgo nadante, digno apenas
de escama, cuanto más de nombre) atunes
vomitar ondas y azotar arenas.
Tal vez desde los muros destas rocas
     cazar a Tetis veo,
420 y pescar a Diana en dos barquillas:
náuticas venatorias maravillas
de mis hijas oirás, ambiguo coro,
menos de aljaba que de red armado,
     de cuyo, si no alado,
425 harpón vibrante, supo mal Proteo
en globos de agua redimir sus Focas.
Torpe la más veloz, marino toro,
torpe, mas toro al fin, que el mar violado
de la púrpura viendo de sus venas,
430 bufando mide el campo de las ondas

407-10 *Bárbaro observador,* etc.: «Para las pescas es menester obervar la conjunción de la Luna, y la disposición de los vientos» (Pellicer). *Bárbaro* porque es un hombre sin estudios.

413 *el mar cribando:* «Haze D. L. aquí, a las redes *cribas,* que son unas cedazos con muchos agujeros por donde se purga el trigo» (Pellicer).

415-16 *entre un vulgo... atunes:* entre los peces pequeños, apenas dignos de sus escamas, los grandes y sabrosos atunes, aristócratas del mar.

419-25 *cazar a Tetis... pescar a Diana,* etc.: inversión «ambigua» *(ambiguo coro:* 422) de la simbología mitológica en que Diana representa la caza (lo *venatorio)* y Tetis, diosa del mar, la pesca (lo *náutico):* es decir, las dos hijas del pescador pescan con arpones en vez de cazar con flechas.

425 *Proteo:* dios del mar, hijo de Tetis, que según la tradición tiene a su cargo las focas, *marinos toros* (426).

430-34 *bufando mide,* etc.: «llevándose tras sí la cuerda asida al

con la animosa cuerda, que prolija
al hierro sigue que en la Foca huye,
o grutas ya la privilegien hondas,
o escollos desta isla divididos:
435   Láquesis nueva mi gallarda hija,
si Cloto no de la escamada fiera,
ya hila, ya devana su carrera,
cuando desatinada pide, o cuando
         vencida restituye
440   los términos de cáñamo pedidos.
Rindióse al fin la bestia, y las almenas
de las sublimes rocas salpicando,
las peñas embistió peña escamada,
en ríos y sangre desatada.

445   Éfire luego, la que en el torcido
luciente nácar te sirvió no poca
risueña parte de la dulce fuente,
de Filódoces émula valiente,
cuya asta breve desangró la Foca,
450   el cabello en estambre azul cogido,
celoso Alcaide de sus trenzas de oro,
en segundo bajel se engolfó sola.
¡Cuántas voces le di! ¡Cuántas en vano
tiernas derramé lágrimas, temiendo,
455   no al fiero Tiburón, verdugo horrendo

---

dardo [del arpón]... ora baxasse la fiera a lo hondo del mar, ora se intentasse guarecer en los escollos más apartados de la Isla» (Pellicer).

435-40 *Laquesis... Cloto,* etc.: las Parcas que hilan y devanan el hilo de la vida. Así la hija del pescador con la *cuerda:* «unas veces... le daba cuerda bastante [a la foca]. Otras veces como Láchesis devanava su carrera, recogía la cuerda, quando vencida se acercava al batel» (Pellicer).

443 *peña escamada:* la foca, que cubre las rocas de la Isla con su sangre.

445-47 *torcido... nácar,* etc.: Efire, la otra hija del pescador, le había servido al peregrino agua en un caracol.

448 *Filódoces:* la hermana que cazó la foca.

450-51 *estambre... Alcaide:* «cogido el cabello con un garbin o cosia azul» (Pellicer).

del náufrago ambicioso mercadante,
  ni al otro cuyo nombre
espada es tantas veces esgrimida
contra mis redes ya, contra mi vida,
460 sino algún siempre verde, siempre cano
Sátiro de las aguas, petulante
vïolador del virginal decoro:
marino Dios, que el vulto feroz hombre,
  corvo es Delfín la cola.
465 Sorda a mis voces pues, ciega a mi llanto,
abrazado, si bien de fácil cuerda,
un plomo fió grave a un corcho leve;
que algunas veces despedido, cuanto
penda o nade, la vista no le pierda,
470 el golpe solicita, el bulto mueve
prodigiosos moradores ciento
  del líquido elemento.
Láminas uno de viscoso acero,
rebelde aun al diamante, el duro lomo
475 hasta el luciente bipartido extremo
  de la cola vestido,
solicitado sale del rüido,
y al cebarse en el cómplice ligero
  del suspendido plomo,
480 Éfire, en cuya mano al flaco remo
un fuerte dardo había sucedido,
de la mano a las ondas gemir hizo
el aire con el fresno arrojadizo;
de las ondas al pez con vuelo mudo

457-59 *cuyo nombre/espada es:* el pez espada, *esgrimida* «de la costumbre que ay de esgrimir en España con espadas negras» (Pellicer).

461-64 *Sátiro,* etc.: alude a la tradición marítima del Tritón, que tiene cara de hombre, pero cuerpo de pez.

470-72 *el golpe solicita,* etc.: el golpe del plomo atrae por su hechura y sonido muchos peces grandes.

474 *rebelde aun a diamante:* las escamas duras, impenetrables, desde el lomo hasta la cola del pez.

478 *al cebarse en el cómplice ligero:* al morder el corcho que sostenía el plomo en el agua.

485   Deidad dirigió amante el hierro agudo:
        entre una y otra lámina, salida
        la sangre halló por do la muerte entrada.
        Onda pues sobre onda levantada,
        montes de espuma concitó herida
490   la fiera, horror del agua, cometiendo
        ya a la violencia, ya a la fuga el modo
                de sacudir el asta,
        que, alterando el abismo o discurriendo
                el Océano todo,
495 ·   no perdona el acero que la engasta.
        Éfire en tanto al cáñamo torcido
        el cabo rompió, y bien que al ciervo herido
        el can sobra, siguiéndole la flecha
        volvíase, mas no muy satisfecha,
500   cuando cerca de aquel peinado escollo
        hervir las olas vió templadamente,
        bien que haciendo círculos perfectos;
        escogió pues de cuatro o cinço abetos
        el de cuchilla más resplandeciente,
505   que atravesado remolcó un gran Sollo.

        Desembarcó triunfando,
        y aun el siguiente sol no vimos, cuando
        en la ribera vimos convecina
        dado al través el monstro, donde apenas
510   su género noticia: pías arenas
        en tanta playa halló tanta ruïna.»

---

485   *Deidad dirigió amante:* (cf. II, 461-64) la suerte que permite
que el arpón de Efire penetre entre dos de las escamas duras de la fiera.

495   *no perdona el acero que la engasta:* aunque intente arrojar de sí
el arpón sacudiendo el mar violentamente, queda como engastada entre
las láminas de las escamas.

496-505   *Efire en tanto,* etc.: la pescadora se ve obligada a soltar el
monstruo marino, pero afortunadamente consigue cazar otro pez, un
sollo, antes de desembarcar.

509-11   *donde apenas,* etc.: D. Alonso da la siguiente versión de este
pasaje: *...donde apenas/ su género noticia, pías arenas/ en tanta playa
halló tanta rüina.* Así, explica él, «la forma verbal "halló" pertenecería

Aura en esto marina
el discurso, y el día juntamente,
trémula, si veloz, les arrebata,
515 alas batiendo líquidas, y en ellas
    dulcísimas querellas
de pescadores dos, de dos amantes
en redes ambos y en edad iguales.
   Dividiendo cristales,
520 en la mitad de un óvalo de plata,
venía al tiempo el nieto de la espuma
que los mancebos daban alternantes
al viento quejas. Órganos de pluma,
   aves digo de Leda,
525 tales no oyó el Caístro en su arboleda,
tales no vió el Meandro en su corriente.
Inficionando pues süavemente
las ondas el Amor, sus flechas remos,
hasta donde se besan los extremos
530 de la isla y del agua no los deja.
   Lícidas, gloria en tanto
de la playa, Micón de sus arenas,
   invidia de Sirenas,
   convocación su canto
535 de músicos Delfines, aunque mudos,

---

a dos oraciones: una cuyo sujeto sería "género" y su objeto "noticia"; y otra cuyo sujeto sería "tanta ruina" y su objeto "pías arenas"». Interpretación rebuscada y equivocada a mi modo de ver; sigo la versión en el Ms. Chacón aquí, en que *noticia* es un verbo (es decir, no se sabe qué género de pez es el monstruo muerto en la playa), y *pías arenas,* etcétera, una especie de epitafio final, desligado de lo anterior.

521 *el nieto de la espuma:* el Amor (Cupido), hijo de Venus que a su vez fue hija de la espuma, viajando sobre el mar en una media concha de plata *(dividiendo cristales:* 519).

523-26 *Organos de pluma... Caístro... Meandro:* quejas tan dulces como el canto de los cisnes *(aves de Leda,* por haberse transformado Júpiter en cisne para gozarla). *Caístro* y *Meandro* son ríos del medio oriente asíatico, famosos en la tradición por sus cisnes.

534-35 *convocación... de músicos delfines:* como en la alusión al lírico Arión (I, 14-18), se pensaba que los delfines (animales consagra-

144

en número no rudos
el primero se queja
de la culta Leucipe,
décimo esplendor bello de Aganipe;
540   de Cloris el segundo,
escollo de cristal, meta del mundo.

LÍCIDAS

«¿A qué piensas, barquilla,
pobre ya cuna de mi edad primera,
¿qué cisne te conduzgo a esta ribera
545   a cantar dulce, y a morirme luego?
Si te perdona el fuego
que mis huesos vinculan, en su orilla,
tumba te bese el mar, vuelta la quilla.»

MICÓN

«Cansado leño mío,
550   hijo del bosque y padre de mi vida,
de tus remos ahora conducida,

---

dos a Venus) eran aficionados a la música, aunque no son *mudos,*
como dice Góngora aquí.

538-41 *Leucipe... Cloris:* otras hijas del pescador anciano. Lícidas
canta la culta Leucipe, *décimo esplendor de Aganipe,* es decir, una dé-
cima Musa (Pellicer: «en los antiguos fue frequente llamar a las Damas
doctas Décima Musa... no siendo las Musas más que nueve»), Micón la
bella Cloris, *escollo de cristal* por la blancura de su cuerpo.

542-611 *Égloga* piscatoria: recuerda los coros alternos de las bodas
(I, 767-844).

542-48 *cisne te conduzgo:* herido de amor, remando su barquilla y
cantando, llega a la ribera como un cisne nadante. *Si te perdona el
fuego:* si no abrasa también la barquilla el fuego de amor que el pesca-
dor trae en su cuerpo. 543-48 *cuna... tumba:* el barquillo. «sírveme en
la orilla de tumba, ya que me serviste de cuna, *buelta la quilla,* trastor-
nada de abaxo arriba» (Pellicer). Cf. Calderón en su soneto sobre las
rosas: *cuna y sepulcro en un botón hallaron.*

550 *hijo... padre:* «hijo del bosque cuando árbol, padre de mi vida
quando barquilla [puesto que merced a la barquilla se sustenta Micón]»
(Pellicer).

a desatarse en lágrimas cantando,
  el doliente, si blando,
curso del llanto métrico te fío,
555   nadante urna de canoro río.»

LÍCIDAS

«Las rugosas veneras,
fecundas no de aljófar blanco el seno,
ni del que enciende el mar Tirio veneno,
entre crespos buscaba caracoles,
560   cuando de tus dos Soles
fulminado ya, señas no ligeras
de mis cenizas dieron tus riberas.»

MICÓN

«Distinguir sabía apenas
el menor leño de la mayor Urca
565   que velera un Neptuno y otro surca,
y tus prisiones ya arrastraba graves;
    si dudas lo que sabes,
lee cuanto han impreso en tus arenas,
a pesar de los vientos, mis cadenas.»

---

555 *nadante urna:* «Haze a la barca urna donde recoge las lágrimas que llora» (Pellicer).

556-62 *Las rugosas veneras,* etc.: describe Lícidas cómo conoció a Leucipe. Buscaba un día caracoles del mar («no las que por su codicia buscan los hombres, que son las que encierran en su fecundo seno el blanco aljófar de las perlas, o la púrpura, tinte que enrojece el mar de Tirio [el Mar Rojo]» —D. Alonso), cuando vió los ojos de la muchacha *(dos Soles),* que le dejaron abrasado *(fulminado)* de amor.

564-65 *urca... Neptuno:* «Apenas tenía edad para distinguir qual era batel, o navio que con las velas navega un Neptuno y otro, uno y otro mar, el de Norte y el del Sur» (Pellicer).

568-69 *lee cuanto han impreso:* compárese el peregrino en su propia égloga: *...dejando mis cadenas/ rastro en tus ondas más que en tus arenas* (II, 135-36).

570   «Las que el cielo mercedes
        hizo a mi forma, ¡ô dulce mi enemiga!,
        lisonja no, serenidad lo diga
        de limpia cosultada ya laguna,
            y los de mi fortuna
575   privilegios, el mar a quien di redes,
        más que a la selva lazos Ganimedes.»

MICÓN

        «No ondas, no luciente
        cristal, agua al fin dulcemente dura,
        invidia califique mi figura
580   de musculosos jóvenes desnudos.
            Menos dió al bosque nudos
        que yo al mar, el que a un Dios hizo valiente
        mentir cerdas, celoso espumar diente.»

LÍCIDAS

        «Cuantos pedernal duro
585   bruñe nácares boto, agudo raya
        en la oficina undosa desta playa,

570-76 *mercedes,* etc.: «Refiere (como allá Polifemo a Galatea)
Lícidas a Leucipe su talle y su hazienda» (Pellicer). Testigo sea (es de-
cir, espejo) de su talle las aguas serenas de una laguna, de su caudal *(los
de mi Fortuna/ privilegios)* el mar, del cual se ha enriquecido con las
utilidades de la pesca. *Lazos Ganimedes:* Ganimedes (el joven bello
raptado por Júpiter: I, 8) era pastor y cazador (por eso los *lazos)* del
monte Ida en la Troya antigua.

577-83 *No ondas,* etc.: «Alterna Micon diziendo: que no quiere que
califiquen su rostro las lagunas... ni el espejo *[agua al fin dulcemente
dura],* sino que diga quán hermoso es, la embidia que tienen otros jóve-
nes, de su talla» (Pellicer). *El que a un Dios hizo,* etc.: el cazador Ado-
nis, amante de Venus, provocando así los celos de Marte *(Dios valiente,*
es decir, de la guerra) que se transformó en jabalí rabioso *(celoso espu-
mar diente)* para darle muerte.

584-90 *Cuantos pedernal duro... oficina undosa,* etc.: cuantas
conchas de nácar se encuentran en la *oficina* de la playa (que son
«fabricadas» en el mar y pulidas por las arenas y rocas), cuantas Pale-

147

　　　　　tantos Palemo a su Licote bella
　　　　　　　suspende, y tantos ella
　　　　　al flaco da, que me construyen muro,
590　　　junco frágil, carrizo mal seguro.»

MICÓN

　　　　　«Las siempre desiguales
　　　　　blancas primero ramas, después rojas,
　　　　　del árbol que nadante ignoró hojas,
　　　　　trompa Tritón del agua, a la alta gruta
595　　　　de Nísida tributa:
　　　　　Ninfa por quien lucientes son corales
　　　　　los rudos troncos hoy de mis umbrales.»

LÍCIDAS

　　　　　«Esta, en plantas no escrita,
　　　　　en piedras sí firmeza, honre Himeneo,
600　　　calzándole talares mi deseo:
　　　　　que el tiempo vuela. Goza pues ahora
　　　　　　　los lilios de tu Aurora,
　　　　　que al tramontar del Sol mal solicita
　　　　　abeja, aun negligente, flor marchita.»

---

mo, dios marino, da a Licote (la versión de D. Alonso trae *Licore),*
tantas, en efecto, esta ninfa del mar obsequia a las paredes humildes de
la choza.

591-97　*blancas ramas,* etc.: «Si Lícidas blasonó arriba, que tiene su
cabaña adornada de conchas, Micón no menos se gloría de que la enta-
piza de corales, árboles cuyas desiguales ramas... son dentro de la agua
blancas y en sacandolas fuera rojas» (Pellicer). Tritón (como Palemo
arriba, dios marino) ofrece los corales a la nereida Nísida, que de su
gruta submarina los traslada a la choza del pescador.

598-611　Variaciones sobre el tópico del *carpe diem* erótico, de-
sarrollado por Garcilaso en su célebre soneto XXIII *(En tanto que de
rosa y azucena).*

598-604　*Esta, en plantas no escrita,* etc.: es decir, su declaración de
amor se ha de grabar no sobre las cortezas de árboles (como en
I, 697-98: *el chopo gallardo, cuyo liso tronco/ papel fue de pastores,
aunque rudo),* sino sobre las rocas de la playa. *Calzándole talares:* que
Himeneo, dios de las bodas, se calce las sandalias aladas de Mercurio,
de manera que con rapidez arregle el casamiento con Leucipe. Debe

148

605   «Si fe tanta no en vano
desafía las rocas donde impresa
con labio alterno mucho mar la besa,
nupcial la califique Tea luciente.
    Mira que la edad miente,
610 mira que del almendro más lozano
Parca es interior breve gusano.»

  Invidia convocaba, si no celo,
   al balcón de zafiro
las claras, aunque Etíopes estrellas,
615   y las Osas dos bellas,
    sediento siempre tiro
del carro perezoso, honor del cielo;
  mas, ay, que del rüido

---

apresurarse ella a corresponder este amor, porque *(mal solicita/ abeja)* «no liba la más negligente Abeja la flor que está marchita: quando una muger tiene arada del tiempo la cara, y está vieja, aun el hombre más feo y mas desairado, se corre de enamoralla» (Pellicer).

605-11 *Si fe... impresa... mar besa,* etc.: «con la olas que en azotando el escollo [donde tiene Micón también su amor grabado], buelven atrás, y luego repiten *[labio alterno]* el golpe» (Pellicer). Cloris debe apresurarse, como Leucipe, a casarse *(la califique Tea nupcial luciente),* porque aun el almendro más fresco puede ser víctima de la Parca (ella que hila y corta el estambre de la vida), roído interiormente por un gusano pequeño.

614-17 *Etíopes estrellas, Osas bellas,* etc.: llega la noche, y con ella, como celosas del dulce canto de Micón y Lícidas, las estrellas septentrionales, brillantes *aunque Etíopes* (porque llevan los nombres de la aristocracia negra de la antigua Etiopía: Cefeo, Casiopea y su hija Andrómeda) y la Osa Mayor y Menor, *sediento tiro* porque estas constelaciones nunca bajan al horizonte del mar. «Cuentan las fábulas que Arcas hijo de Iúpiter mató a su madre, Calisto Ninga de Diana, a quien gozó Iúpiter, y que andava por los bosques convertida en Ossa [cf. *dedicatoria,* 20-1: *del oso que aun besaba, atravesado,/ la asta de tu luciente jabalina];* Iúpiter los colocó en el cielo por estrellas. Airóse Juno [la esposa celosa de Júpiter] desto, y consultó su agravio con Tetis y Océano, que la prometieron que jamás se bañarían en el mar estas estrellas» (Pellicer).

618-25 *que del rüido,* etc.: alude a la creencia de que el movimiento de los cuerpos celestiales componía una música, que aquí impide que

de la sonante esfera,
620 a la una luciente y otra fiera
el piscatorio cántico impedido,
con las prendas bajaran de Cefeo
a las vedadas ondas,
si Tetis no, desde sus grutas hondas,
625 enfrenara el deseo.

¡Ô cuánta al peregrino el Amebeo
alterno canto dulce fué lisonja!
¿Qué mucho, si avarienta ha sido esponja
del néctar numeroso
630 el escollo más duro?
¿Qué mucho, si el candor bebió ya puro
de la virginal copia en la armonía
el veneno del ciego ingenïoso
que dictaba los números que oía?
635 Generosos afectos de una pía
doliente afinidad, bien que amorosa,
por bella más, por más divina parte
solicitan su pecho a que, sin arte
de colores prolijos,
640 en oración impetre oficiosa
del venerable isleño,
que admita yernos los que el trato hijos
litoral hizo, aún antes
que el convecino ardor dulces amantes.

---

las Osas oigan la canción de los pescadores. Así, quieren bajarse del
cielo al mar con las otras estrellas septrionales *(prendas de Cefeo)* si Te-
tis, fiel a la venganza de Juno, lo permitiera (624-25).

631-34 *Qué mucho,* etc.: «que mucho pues le lisongeasse, si el can-
dor puro de la virginal copia, si las dos honestas hermanas Leucipe y
Cloris, bevieron en la suave harmonía el veneno del ciego ingenioso, del
Amor, que les dictava los mismos requiebros que les oía» (Pellicer).

636-37 *afinidad:* porque el peregrino también es amante desdeña-
do, «si bien amara cosa más divina y más bella, no labradoras» (Pe-
llicer).

642-43 *los que el trato hijos/ litoral hizo:* Micón y Lícidas, que
habían compartido con el anciano padre de Leucipe y Cloris las faenas
de la pesca.

645   Concediólo risueño,
      del forastero agradecidamente,
      y de sus propios hijos abrazado.
      Mercurio destas nuevas diligente,
      coronados traslada de favores
650   de sus barcas Amor los pescadores
      al flaco pie del suegro deseado.

      ¡Ô, del ave de Júpiter vendado
      pollo, si alado no, lince sin vista,
      Político rapaz, cuya prudente
655   disposición especuló Estadista
          clarísimo ninguno
      de los que el Reino muran de Neptuno!
      ¡Cuán dulces te adjudicas ocasiones
      para favorecer, no a dos supremos
660   de los volubles Polos ciudadanos,
      sino a dos entre cáñamo garzones!
      ¿Por qué? Por escultores quizá vanos
      de tantos de tu madre bultos canos
      cuantas al mar espumas dan sus remos.
665   Al peregrino por tu causa vemos

648-51   *Mercurio,* etc.: los pescadores llegan agradecidos a los pies de su futuro suegro como si el Amor, hecho Mercurio o veloz mensajero de estas nuevas, les hubiera llevado de los barcos.

652-54   *del ave... pollo,* etc.: el Amor alado y con ojos vendados parece pollo del águila *(ave de Júpiter)* por su perspicacia política en las quejas de amor. *Lince sin vista:* «usamos en nuestro siglo llamar a los que tienen mucha perspicacia en la vista *Linces*» (Pellicer).

655-57   *Estadista... Reino... Neptuno:* Pellicer y de allí Alonso creen que este pasaje se refiere a los senadores venecianos, por ser Venecia construida sobre el mar Adriático. Pero puede significar más bien los estadistas de cualquier país que haya desarrollado un imperio ultramarino, es decir, «murado» el Reino de Neptuno.

659-60   *supremos... ciudadanos:* el Amor ha favorecido a dos labradores en vez de las deidades en la esfera del cielo *(volubles polos).* Por extensión, *supremos* podría referirse a la aristocracia cortesana.

662-64   *Por escultores:* el Amor favorece a los pescadores porque cada vez que ellos salen al mar en sus barcos le dibujan con la espuma batida por sus remos la cara de su madre, Venus.

665-71   *Al peregrino por tu causa,* etc.: por causa del mismo Amor, el peregrino se ha desterrado de los alcázares sublimes (de la corte), donde, adornada *(vestida)* con jaspe y pórfilo, se rebela la Arquitec-

                    alcázares dejar, donde excedida
                    de la sublimidad la vista, apela
                        para su hermosura,
                        en que la Arquitectura
670   a la Gëometría se rebela,
                    jaspes calzada y pórfidos vestida.
                    Pobre choza de redes impedida
                        entre ahora, ¡y lo dejas!
                    Vuela rapaz, y plumas dando a quejas,
675   los dos reduce al uno y otro leño,
                    mientras perdona tu rigor al sueño.

                    Las horas ya de números vestidas,
                    al bayo, cuando no esplendor overo
                    del luminoso tiro, las pendientes
680   ponían de crisólitos lucientes,
                        coyundas impedidas,
                    mientras de su barraca el extranjero
                    dulcemente salía despedido
                    a la barquilla, donde le esperaban
685   a un remo cada joven ofrecido.

_____

tura a la geometría. Pellicer explica este extraño concepto así: «como era tan alto el edificio, pero que se ajustassen a la proporción de los ojos... era menester que los tamaños de las colunas, figuras y espacios sean mayores de lo que pide la Geometría [lo ancho proporcionado a lo alto] ...porque la perspectiva de lo alto viene siempre a menos».

674-75   *plumas dando a quejas:* cf. el verso último de la *Soledad primera: a batallas de amor campo de pluma. Los dos reduce al uno...* Que vuelvan Micón y Lícidas a sus barcos *(uno y otro leño),* ya satisfechos de su compromiso con Cloris y Leucipe (que en las nupcias *los dos reducirá al uno).*

677-979   *Ultimo día* (la Cetrería): deja el peregrino la isla en una barquilla con el alba: un magnífico castillo sobre el mar: una tropa de halconeros y sus pájaros, comandados por un príncipe: la «batalla de pluma» de los halcones: retirada (coda del Ms. Chacón).

677-81.   *Las horas... ponían de crisólitos... coyundas:* el amanecer, cuando el reloj celestial (la eclíptica, *de números vestida)* pone guarniciones a los caballos *(bayo, overo)* que conducen el carro del Sol. *Crisólito:* piedra lustrosa de origen volcánico, empleada en la relojería.

Dejaron pues las azotadas rocas
    que mal las ondas lavan
del livor aún purpúreo de las Focas,
y de la firme tierra el heno blando
690   con las palas segando,
    en la cumbre modesta
de una desigualdad del Horizonte,
    que deja de ser monte
    por ser culta floresta,
695   antiguo descubrieron blanco muro,
    por sus piedras no menos
que por su edad majestüosa cano:
mármol al fin tan por lo Pario puro,
que al peregrino sus ocultos senos
700   negar pudiera en vano.
    Cuantas del Oceano
    el Sol trenzas desata
contaba en los rayados capiteles,
que espejos, aunque esféricos, fïeles,
705   bruñidos eran óvalos de plata.

La admiración que al arte se le debe
áncora del batel fué, perdonando
    poco a lo fuerte, y a lo bello nada
    del edificio, cuando

---

688   *del livor... de las Focas:* «se veían aún las manchas purpúreas que había dejado la sangre de las focas cazadas por las hijas del viejo pescador» (D. Alonso).

690   *con palas segando:* «navegando tan cerca de la tierra... que iban con las palas o remos segando el heno blando, la yerba» (Pellicer).

695-709   Descripción de un castillo sobre el mar. Los detalles corresponden con la descripción que hace Góngora en su *Égloga piscatoria* de 1615 del palacio de los Duques de Medina Sidonia en la costa cerca de Huelva, permitiéndonos precisar un correlato real y andaluz al paisaje vagamente ficticio de las *Soledades* (ver nota a los versos 809-12). *Mármol... puro* (698): mármol tan puro como el mármol llamado Pario, por ser de la isla de Paros, que parece transparente, revelando sus *ocultos senos* (699). *Trenzas* (702): los reflejos de luz que hechan las aguas, repetidas como cabellos rubios en los capiteles de las torres de edificio, los cuales, como son de plata, sirven de espejo. *Aunque esféri-*

710   ronca los salteó trompa sonante,
              al principio distante,
      vecina luego, pero siempre incierta.
              Llave de la alta puerta
      el duro son, vencido el foso breve,
715   levadiza ofreció puente no leve,
      tropa inquïeta contra el aire armada,
      lisonja, si confusa, regulada
      su orden de la vista, y del oído
              su agradable rüido.
720   Verde, no mudo coro
              de cazadores era,
      cuyo número indigna la ribera.

      Al Sol levantó apenas la ancha frente
              el veloz hijo ardiente
725   del Céfiro lascivo,
      cuya fecunda madre al genitivo
      soplo vistiendo miembros, Guadalete
      florida ambrosía al viento dió jinete,
              que a mucho humo abriendo
730   la fogosa nariz, en un sonoro
      relincho y otro saludó sus rayos.

---

cos, fieles: «alude a que los espejos redondos no son fieles» (Pellicer) a causa de su superficie convexa. (En la *Égloga piscatoria* se lee: *...sobre los remos/ los marinos reflujos aguardemos/ que su lecho repitan.*)

710-19   *ronca les salteó trompa sonante,* etc.: la trompa significa la épica (la acción guerrera o la caza), la lira, la zampoña o flauta, el ocio pacífico del *locus amoenus* pastoril, como el *canoro dulce instrumento* de la *Dedicatoria.* Hase de entender entonces que con la introducción del tema de la cetrería por esta trompa se finaliza la «tregua» o suspensión de la violencia establecida en la *Dedicatoria.* Se mueve aquí del mundo pobre, pero armónico, de los labradores y pescadores a la sublimación (y también al desastre) de una voluntad de poder aristocrática. Así, el poema comienza a ser inficionado de términos militares: *duro son, foso, puente levadiza, tropa inquieta contra el aire armada,* etc.

720   *verde... coro:* los cazadores, vestidos en trajes verdes.

723-34   *hijo... del Céfiro,* etc.: los caballos levantan la frente al Sol y en dos relinchos (731) lo saludan, respondiéndoles los caballos del Sol

Los overos, si no esplendores bayos,
　　　que conducen el día
le responden, la eclíptica ascendiendo.
735　Entre el confuso pues celoso estruendo
　　　de los caballos, ruda hace armonía
　　　cuanta la generosa cetrería,
　　　desde la Mauritania a la Noruega,
　　　　insidia ceba alada,
740　　　sin luz no siempre ciega,
　　　sin libertad no siempre aprisionada,
　　　　que a ver el día vuelve
　　　las veces que, en fiado al viento dada,
　　　repite su prisión, y al viento absuelve.
745　El Neblí, que relámpago su pluma,

(*overos, bayos:* ver II, 678-81) al subir el cielo con el amanecer. El caballo es *hijo del Céfiro* según la tradición de que los caballos andaluces nacieron de la cópula del Céfiro (viento del oeste, dios de las flores) con las yeguas *(fecunda madre)* del Betis, es decir, con el Guadalquivir: así el concepto de una madre «revistiendo» de miembros un *genitivo soplo,* haciendo caballo del viento. Como se trata de una escena de la costa de Huelva, es el Guadiana quien da dulce pasto aquí *(florida ambrosía),* en sus riberas, al caballo. El concepto se repite en los versos 813-815, *espumosa del Betis ligereza,* etc.

735-830　Procesión de *la generosa cetrería* (737), los varios pájaros de caza que proceden de diferentes naciones: 1) el Neblí (745-49); 2) el Sacre de la isla de Chipre (750-53); el Gerifalte, pájaro holandés (754-57); el Baharí español (758-61); el Borní africano (762-71); el Aleto americano (772-82); el Azor britano (783-90); el Búho (791-98). Siguen a los pájaros un perro de caza (799-808) y un Príncipe (809-822) que aparece como apoteosis de la procesión. Mapa emblemático del mundo conocido por el mercantilismo europeo en el siglo XVII, como las batallas de los halcones, más tarde, servirán como índice de las rivalidades imperialistas.

737-39　Es decir, *cuanta insidia alada* (los halcones) *desde la Mauritania a la Noruega* (extremos de sur y norte) *ceba la generosa cetrería.*

740-45　*sin luz... sin libertad... repite su prisión:* «sin luz no siempre ciega, porque aunque llevan [los halcones] capirotes, se los quitan para bolar; sin libertad no aprisionada siempre, porque vuelven a ver la luz las veces que les sueltan en fiado... al viento» (Pellicer), de la misma manera que un preso soltado de la cárcel en fianza. Así, cuando vuelven de la caza, el halconero, en efecto, *absuelve* (cancela) la fianza al sujetarles de nuevo.

745-49　*relámpago,* etc.: el nido del neblí o está, como del rayo, en el Olimpo (montaña de la cual Júpiter descarga los rayos) o en la nube

rayo su garra, su ignorado nido
o le esconde el Olimpo o densa es nube
    que pisa cuando sube
tras la Garza argentada el pie de espuma;
750   el Sacre, las del Noto alas vestido,
sangriento Chipriota, aunque nacido
con las palomas, Venus, de tu carro;
el Gerifalte, escándalo bizarro
del aire, honor robusto de Gelanda,
755   si bien jayán de cuanto rapaz vuela,
corvo acero su pie, flaca pihuela
    de piel lo impide blanda;
el Baharí, a quien fue en España cuna
del Pirineo la ceniza verde,
760   o la alta basa que el Océano muerde
    de la Egipcia coluna;
    la delicia volante
de cuantos ciñen Líbico turbante,
    el Borní, cuya ala
765   en los campos tal vez de Melïona
galán siguió valiente, fatigando
    tímida liebre, cuando
intempestiva salteó leona
    la Melionesa gala,
770   que de trágica escena
mucho teatro hizo poca arena.

---

que pisa su *pie de espuma* (pie blanca, ligera) cuando persigue una garza *plateada* por el reflejo del Sol en las alturas.

750-52 *las del Noto alas... sangriento Chipriota:* Noto es el Austro, viento de tormenta en el Mediterráneo. El sacre es ave de Chipre, la isla de Venus y sus pacíficas palomas.

753-55 *escándalo bizarro... honor robusto... jayán:* bizarro significa «atrevido». Escándalo porque Gelanda, de donde procede el gerifalte, estaba en rebellión contra los españoles en época de Góngora: «Gelanda... una de las [provincias] rebeldes» (Pellicer). *Jayán* porque halcón robusto (¿como los mismos holandeses?).

760-61 *alta basa... de Egipcia coluna:* las columnas de Hércules (dios egipcio), es decir, el estrecho de Gibraltar.

765-71 *en los campos de Meliona,* etc.: «Refieren las historias Africanas, que un cavallero moro dicho Abeniucef que fue uno de los que

Tú, infestador en nuestra Europa nuevo,
de las aves nacido, Aleto, donde
entre las conchas hoy del Sur esconde
775 sus muchos años Febo,
  ¿debes por dicha cebo?
¿Templarte supo, dí, bárbara mano
al insultar los aires? Yo lo dudo,
que al preciosamente Inca desnudo
780 y al de plumas vestido Mejicano,
fraude vulgar, no industria generosa,
del Águila les dió a la mariposa.
  De un mancebo serrano
el duro brazo débil hace junco,
785 examinando con el pico adunco
sus pardas plumas, el Azor Britano,
  tardo, mas generoso,
terror de tu sobrino ingenïoso,
ya invidia tuya, Dédalo, ave ahora,
790 cuyo pie Tiria púrpura colora.

---

primero se llamaron Galanes de Meliona [Meliona designaba la región
del Sahara que es hoy Libia y Argelia —por eso lo del *Líbido turbante*
en 776], andando la caza le saltó de improviso una leona que le mató»
(Pellicer).

772-75 *infestador... Aleto... Sur esconde,* etc.: el aleto viene de
las Indias occidentales, don de (por representar el oeste) *esconde/ sus
muchos rayos Febo,* el Sol se pone en las aguas del mar del *Sur* (el
Pacífico).

775-82 *¿Templarte supo,* etc.: «porque los Incas Reyes de Cuzco,
que andan *preciosamente desnudos,* por andar desnudos, y adornados
de piedras preciosas; y los Emperadores de México vestidos de pluma
de aves, no cazaban con generosa industria con la cetrería como en Es-
paña, sino con fraudes vulgares, con lazos y redes cogían desde la
Águila mayor, hasta la más pequeña mariposa» (Pellicer). Chauvinis-
mo típicamente y perennemente español ante lo americano, indigno
de la crítica de la Conquista que Góngora hace en otros lugares.

787-90 *terror de tu sobrino... Dédalo:* «Dédalo artífice del Labe-
rinto de Creta fue convertido en Azor; tubo un sobrino llamado Talo,
al qual enseñó la arte de carpintería, y en ella se aventajó tanto... que
Dédalo de invidia le despeñó, y quedó convertido en perdiz. Pues aora
D.L. dize, que el Azor que es Dédalo, persigue oy a su sobrino Talo,
transformado en perdiz, cuyos pies son purpúreos» (Pellicer).

Grave, de perezosas plumas globo,
que a luz lo condenó incierta la ira
del bello de la Estigia Deidad robo,
desde el guante hasta el hombro a un joven cela;
795   esta emulación pues de cuanto vuela
por dos topacios bellos con que mira,
      término torpe era
      de Pompa tan ligera.

Can de lanas prolijo, que animoso
800   buzo será, bien de profunda ría,
      bien de serena playa,
cuando la fulminada prisión caya
      del Neblí, a cuyo vuelo
      tan vecino a su cielo
805   el Cisne perdonara, luminoso,
número y confusión gimiendo hacía
en la vistosa laja para él grave:
que aun de seda no hay vínculo süave.

En sangre claro y en persona Augusto,
810   si en miembros no robusto,
Príncipe les sucede, abreviada
en modestia civil Rëal grandeza.

791-98   *de perezosas plumas globo:* el búho. Ascálafo, delator de
Proserpina *(bello robo de la Estigia Deidad,* es decir, Plutón, dios del
infierno), fue transformado en búho, ave nocturna y de mal agüero,
por la madre de Porserpina, Ceres (ver sobre este tópico los versos II,
886-901 y finales). *Topacios bellos:* los ojos grandes del búho, de color
amarillo (en 896, por contraste, son *oro intuitivo).*

802-5   *la fulminada prisión caya / del Nebli,* etc.: caiga la presa del
neblí como fulminada por un rayo (cf. II, 745-46: *relámpago su pluma,
/ rayo su garra). El Cisne:* constelación astral; *perdonara* porque el
neblí vuela tan alto que parece invadir la región del cielo del «cisne»,
que para no pelear admite la incursión.

811-23   *Príncipe... Rëal grandeza,* etc.: según Pedro Espinosa, el
poeta familiar de los Medina Sidonia, esta figura representa el Conde
de Niebla, futuro Duque de Medina Sidonia, y como el peregrino aleja-
do de las intrigas de la corte: «cuando su suegro el de Lerma mandaba
el mundo, sordo a sus ruegos y promesas, trató de retirarse a la soledad
de Huelva, diciéndole: "Tanto harta, señor, una fuente como un río.
La corte, donde toda vida es corta, quiero lejos, como pintura del Gre-

La espumosa del Betis ligereza
bebió no sólo, mas la desatada
815 majestad en sus ondas, el luciente
caballo, que colérico mordía
el oro que süave lo enfrenaba,
arrogante, y no ya por las que daba
estrellas su cerúlea piel al día,
820   sino por lo que siente
de esclarecido y aun de soberano
en la rienda que besa la alta mano,
de cetro digna. Lúbrica no tanto
culebra se desliza tortuosa
825 por el pendiente calvo escollo, cuanto
la escuadra descendía presurosa
por el peinado cerro a la campaña,
que al mar debe con término prescripto
más sabandijas de cristal que a Egipto
830 horrores deja el Nilo que lo baña.
Rebelde Ninfa, humilde ahora caña,
     los márgenes oculta
     de una laguna breve,
     a quien Doral consulta
835   aun el copo más leve
     de su volante nieve.

---

co; si bien no tanto que enfríe más ni tan cerca que abrase''». *Obras de Pedro Espinosa* (Madrid, 1909), 251. Cabe añadir que los Medina Sidonia se sublevaron contra la corte de los Habsburgo en las rebeliones de 1640 para captar la resonancia política del cuadro que Góngora hace de este aristócrata andaluz (cuya mano sobre su caballo es *de cetro digna,* es decir, digna de un rey).

823-27   *Lúbrica no tanto,* etc.: la escuadra de cazadores bajaba *el peinado cerro* (827) tan rápidamente como deslizándose una culebra (824).

828-30   *que... sabandijas... que... horrores:* deja en la playa a que llegan los cazadores arroyuelos y charcos de agua la marea retrocediente. Horrores, como explica nuestro infatigable Pellicer, porque «quando el Nilo inunda a Egypto, los terrones llenos de alga, ovas y agua, se convierten en animales ponzoñosos».

831   *Rebelde Ninfa:* la ninfa Siringa que rechazó a Pan y fue convertida por él en cañas.

Ocioso pues, o de su fin presago,
los filos con el pico prevenía
de cuanto sus dos alas aquel día
840   al viento esgrimirán cuchillo vago.
La turba aun no del apacible lago
     las orlas inquïeta,
que tímido perdona a sus cristales
el Doral. Despedida no saeta
845   de nervios Partos igualar presuma
     sus puntas desiguales,
     que en vano podrá pluma
vestir un leño como viste un ala.
Puesto en tiempo, corona, si no escala,
850   las nubes, desmintiendo
su libertad el grillo torneado
que en sonoro metal lo va siguiendo,
     un Baharí templado,
a quien el mismo escollo,
855   a pesar de sus pinos eminente,
el primer vello le concedió pollo,
que al Betis las primeras ondas fuente.
No sólo, no, del pájaro pendiente
las caladas registra el peregrino,
860   mas del terreno cuenta cristalino

---

840 *al viento esgrimirán cuchillo vago:* aquí, con una premonición de una lucha a la muerte entre los halcones, acaba el manuscrito de la *Soledad segunda* consultado por Juan de Vicuña para sus *Obras en verso del Homero español* (1627).

841-48 *La turba aun,* etc.: viendo que la escuadra se acerca, el doral deja de mirarse en las aguas claras *(cristales)* de la laguna y levanta el vuelo con más velocidad que una saeta lanzada por una ballesta *(nervios Partos).*

850-52 *desmintiendo / su libertad,* etc.: «aunque iba bolando, y parecía iba libre, le acordava que iba preso el cascabel [el *grillo]* que atado a los pies le seguía» (Pellicer). Cf. lo anterior de *en fiado* al viento: II, 743-44.

854-57 *escollo... que al Betis:* el baharí es hijo de las mismas montañas que sirven como cuenca del río Guadalquivir (la sierra de Segura).

859-62 *No sólo... del pájaro... registra... mas del terreno:* «El sentido es: bajóse el Doral a los juncos [cubiertos con gotas de rocío

                    los juncos más pequeños,
            verdes hilos de aljófares risueños.
            Rápido al Español alado mira
            peinar el aire por cardar el vuelo,
865   cuya vestida nieve anima un hielo
            que torpe a unos carrizos lo retira,
                    infïeles por raros,
            si firmes no por trémulos reparos.
            Penetra pues sus inconstantes senos,
870   estimándolos menos
                    entredichos que el viento;
            mas a su daño el escuadrón atento,
            expulso lo remite a quien en suma
            un grillo y otro enmudeció en su pluma.

875   Cobrado el Baharí, en su propio luto
            o el insulto acusaba precedente,
                    o entre la verde hierba
                    avara escondía Cuerva
            purpúreo caracol, émulo bruto
880   del rubí más ardiente,
            cuando solicitada del rüido,
            el nácar a las flores fía torcido,
            y con siniestra voz convoca cuanta
                    negra de Cuervas suma
885   infamó la verdura con su pluma,

—*aljófares resueños],* y el Peregrino le buscaba entre ellos» (Pellicer).

865   *cuya vestida nieve anima un hielo:* el pánico *[hielo]* del doral le
hace batir torpemente sus alas de plumas blancas, en busca de un re-
fugio.

867-71   *infieles... inconstantes... menos entredichos que el viento:*
«que no le podían guardar porque eran pocas [los carrizales]»
(Pellicer).

873-74   *a quien... grillo... enmudeció:* los cazadores echan el doral
de los carrizales al baharí, que haciendo presa «enmudece» los cascabe-
les atados al pie en su cuerpo.

875-902   Lucha entre los cuervos y un búho.

875-86   *Cobrado el Baharí... Cuerva... caracol:* Vuelto al guante
de su halconero el baharí, una cuerva en el *propio luto* —en su color
negro— acusaba el insulto precedente, la muerte del Doral blanco, y es-

con su número el Sol. En sombra tanta
alas desplegó Ascálafo prolijas,
    verde poso ocupando,
    que de césped ya blando,
890 jaspe lo han hecho duro blancas guijas.
Más tardó en desplegar sus plumas graves
el deforme fiscal de Proserpina,
que en desatarse, al polo ya vecina,
la disonante niebla de las aves;
895 diez a diez se calaron, ciento a ciento,
al oro intuitivo, invidiado
    deste género alado,
si como ingrato no, como avariento,
que a las estrellas hoy del firmamento
900   se atreviera su vuelo
    en cuanto ojos del cielo.

Poca palestra la región vacía
    de tanta invidia era,
mientras desenlazado la cimera

---

conde un *caracol:* «propiedad de las cuervas que se mantienen de unos
carcoles colorados» (Pellicer). Haciendo eco de los graznidos del doral
(solicitada del rüido: 881) deja caer el caracol *(nácar torcido)* entre unas
flores y llama con su siniestra voz una bandada de cuervos, que desple-
gando sus alas parecen oscurecer al Sol.

886-90   *sombra tanta... Ascálafo:* en la «noche» creada por la ban-
dada de cuervos, porque el búho suele volar sólo en la oscuridad.
Ahora posa sobre un montoncillo hecho jaspe (duro, firme) con unas
piedras blancas.

893-94   *al polo vecina... disonante niebla:* las cuervas «se habían re-
montado tanto que parecían ya cercanas al polo celeste» (D. Alonso);
niebla porque se precipitan del cielo, *disonante* por su color negro y sus
graznidos.

896-901   *al oro intuitivo,* etc.: las cuervas atacan los ojos dorados
del búho «no como ingratos (porque no avían sido criadas o alimenta-
das del Búho las cuervas, para que se dixesse: *Cría Cuervos, y sacerte
han los ojos)* sino como avarientos, como insaciables, aludiendo a la
sed que tienen del oro los avarientos... Si embidian los ojos dorados del
Búho los Cuervos, que se atreverán sus alas a acometer a las estrellas
del firmamento, en quanto ojos del cielo» (Pellicer). ¿Alegoría de los
enemigos de Góngora, envidiosos del *oro intuitivo* de su poesía?

902-35   Lucha entre un gerifalte, cuerva y sacre: «...vuelan por este

162

905   restituyen el día
          a un Gerifalte, Boreal Arpía,
          que despreciando la mentida nube,
              a luz más cierta sube,
          Cenit ya de la turba fugitiva
910   Auxilïar taladra el aire luego
          un duro Sacre, en globos no de fuego,
              en oblicuos sí engaños
          mintiendo remisión a las que huyen,
              si la distancia es mucha:
915   Griego al fin. Una en tanto, que de arriba
          descendió fulminada en poco humo,
          apenas el latón segundo escucha,
          que del inferïor peligro al sumo
          apela entre los Trópicos grifaños
920   que su eclíptica incluyen,
              repitiendo confusa
              lo que tímida excusa.
              Breve esfera de viento,
          negra circunvestida piel, al duro
925   alterno impulso de valientes palas
              la avecilla parece,
          en el de muros líquidos que ofrece
          corredor el diáfano elemento
          al gémino rigor, en cuyas alas
930   su vista libra toda el extranjero.

---

orden, arriba el gerifalte; en medio, las cuervas; y el sacre, lo más bajo»
(D. Alonso).

904-9 *mientras,* etc.: quitándole el capirote al gerifalte, Boreal
Arpía «porque nace en Gelanda que es al Setentrión [región boreal del
norte, señalada por la constelación de la Osa mayor]» (Pellicer), los
halconeros lo lanzan al aire donde sube encima de *(Cénit ya)* la *menti-
da nieve* de la *turba* de cuervos.

910-15 *Auxiliar... en globos no de fuego... Griego al fin:* el sacre
parece taladrar el aire, «no tirando balas de plomo como aquel tiro de
artilleria que se llama Sacre, sino con oblicuos engaños [de su vuelo]»
(Pellicer). Por estas estratagemas es *Griego al fin,* no sólo por ser pája-
ro de Chipre, sino porque «bastávale ser Griego, para que usasse y se
valiesse de engaños» (Pellicer).

915-30 *Una,* etc.: «Una Cuerva baxaba huyendo del Girifalte que
andava en lo mas alto del aire; toposse con el Sacre que andava abajo, y

Tirano el Sacre de lo menos puro
desta primer región, sañudo espera
la desplumada ya, la breve esfera,
que, a un bote corvo del fatal acero
935   dejó el viento, si no restituído,
heredado en el último graznido.

Destos pendientes agradables casos
vencida se apeó la vista apenas,
que del batel, cosido con la playa,
940   cuantos da la cansada turba pasos,
tantos en las arenas

---

apenas le oyó el cascabel *[latón segundo]*... huyó de las garras del
Sacre, al pico del Girifalte, repetiendo confusa lo que quería escusar te-
merosa, ya abajo, ya arriba, entre los dos Grifaños trópicos. Toma
D.L. la alegoría del Sol, que no puede exceder de los dos trópicos de
Cancro [Cáncer] y Capricornio, que son los que forman su Eclíptica»
(Pellicer). Por eso (922-30), la cuerva huyendo entre gerifalte y sacre *(al
gémino rigor)* es como la pelota *(breve esfera del viento)* de un juego de
tenis celestial en verticales *corredores,* murados de nubes *(muros
líquidos).*

931-36   Muerte de la cuerva. El sacre es *tirano de lo menos puro* por
volar más cerca a la tierra que el gerifalte. *Bote corvo de fatal acero:* o
las garras duras del sacre o la espuelita de acero que se solía poner a los
halcones como ahora en las peleas de gallos. *Restituido... heredado:*
dio la cuerva (como pelota pinchada) en forma de herencia del o al
viento el aliento de su graznido mortal. Aquí acaba la cetrería.

937-fin   Hasta el verso 936 llegaron los manuscritos del poema antes
de la versión preparada por Antonio Chacón c. 1625. Se trata en estos
versos, entonces, de una especie de *coda* escrita años después del resto
de la *Soledad segunda,* según Pellicer, «persuadido por el mismo don
Antonio Chacón».

936   *agradables casos:* ¿Por qué *agradables,* si representan una
violencia inusitada, una especie de festival de la crueldad, el miedo y la
muerte totalmente opuesto al rito armonioso de las bodas en la *Soledad
primera?* ¿Señal de una ambivalencia en la actitud del propio poeta,
que oscila como su peregrino entre la celebración de una medianía pas-
toril y la tentación del juego peligroso de la corte? (Dos de los mejores
amigos de Góngora —Rodrigo Calderón, el *privado* de Lerma, y el
Conde de Villamediana— murieron pasados a cuchillo en las intrigas
cortesanas.) Por lo demás, sin embargo, el tono de esta sección final es
predominante de cansancio: *cansada turba:* 940; *el remo perezosamen-
te raya:* 942; *el anhelante / caballo:* 966-67; *fatigados, / quejándose:*
971-72.

                el remo perezosamente raya,
                a la solicitud de una atalaya
                atento, a quien doctrina ya cetrera
945   llamó catarribera.

                Ruda en esto política, agregados
                tan mal ofrece como construidos
                bucólicos albergues, si no flacas
                    piscatorias barracas,
950   que pacen campos, que penetran senos,
                    de las ondas no menos
                    aquéllos perdonados
                que de la tierra éstos admitidos.
                Pollos, si de las propias no vestidos,
955   de las maternas plumas abrigados,
                vecinos eran destas alquerías,
                mientras ocupan a sus naturales,
                Glauco en las aguas, y en las hierbas Pales.
                ¡Ô cuántas cometer piraterías
960   un corsario intentó y otro volante,
                uno y otro rapaz, digo, Milano,
                    bien que todas en vano,
                contra la infantería, que pïante
                en su madre se esconde, donde halla
965   voz que es trompeta, pluma que es muralla.

943-45   *atalaya... catarribera:* el barquillo del peregrino sigue por la
playa «a un cazador que siempre va explorando si ay aves que bolar en
la ribera, y a este le llama la cetrería *Catarribera*» (Pellicer).
    946-58   *Ruda... política,* etc.: aparecen en la playa (por eso ni en el
agua, *de las ondas perdonado,* ni en tierra firme, *de la tierra admitidos)*
unas chozas miserables y aparentemente abandonadas. Sus *naturales,*
quizá jornaleros del Príncipe de la cetrería, han ido a la pesca *(Glauco
en las aguas:* Glauco era uno de los Argonautas; por su afición a la pes-
ca, fue transformado en dios marino) o al trabajo pastoril *(en las hier-
bas Pales,* por ser Pales diosa del pastoreo). Sólo quedan unos
polluelos *abrigados* con las plumas de su madre.
    959-65   *O cuantas,* etc.: los halcones llamados *Milanos* atacan a los
polluelos como *corsarios volantes* o piratas acrobáticos contra una
infantería que busca replegarse a la *muralla* de la madre (en sus alas),
que con su cacareo *(trompeta)* los defiende.

A media rienda en tanto el anhelante
caballo, que el ardiente sudor niega
en cuantas le densó nieblas su aliento,
a los indignos de ser muros llega
970   céspedes, de las ovas mal atados.
Aunque ociosos, no menos fatigados,
quejándose venían sobre el guante
los raudos torbellinos de Noruega.
Con sordo luego estrépito despliega,
975   injuria de la luz, horror del viento,
sus alas el testigo que en prolija
desconfianza a la Sicana Diosa
      dejó sin dulce hija,
y a la estigia Deidad con bella esposa.

---

968   *nieblas:* del aliento del caballo (porque, parece, comienza a hacer frío). Pero niebla, también, significa tácitamente al caballero joven —es decir, el Conde de Niebla— que vimos antes (ver nota a los versos II, 811-23). Cf. *Polifemo,* dedicatoria: *ahora que de luz tu Niebla doras.*

973   *los raudos torbellinos de Noruega:* los halcones, ya fatigados e aprisionados por los halconeros. Otra imagen de fría desolación.

974-79   *Con sordo luego estrépito despliega:* «a tiempo que comenzando a anochecer, salió a bolar el Buho, que siendo testigo en el robo de Proserpina dexó sin hija a Ceres, y a Plutón [la muerte] con esposa» (Pellicer). Fin del poema. «El poder de la poesía lírica, que puede cubrir el abismo con una carpeta de Flores, no es tanta para tender un puente sobre ello» (G. Lukács, *Teoría de la novela).*

Apéndice

LA «CARTA DE UN AMIGO» Y LA «CARTA EN RESPUESTA»

Las dos cartas que reproducimos aquí representan el primer canje del intrincado debate sobre el valor literario de las *Soledades* en la «república literaria» española del siglo XVII. La «Carta de un amigo», según Emilio Orozco Díaz, es obra de Lope de Vega y/o de un grupo de amigos suyos. Sabemos que Góngora había sometido su poema a la censura de Pedro de Valencia y otros eruditos en 1613. Comenzó a circular copias del manuscrito en la corte a través de Andrés Almansa y Mendoza por la primavera de 1614. Junto con el ya conocido *Polifemo,* las *Soledades* suscitaron la incredulidad o la enemistad de muchos. Para aclarar el propósito de don Luis, Mendoza escribió unas «Advertencias para inteligencia de las *Soledades»,* destinadas a acompañar las copias del poema. (El texto de estas «Advertencias» se puede encontrar en E. Orozco Díaz, «La polémica de las Soledades a la luz de nuevos textos», *Revista de Filosofía Española, XLIV [1961],* (o en A. Martínez Arancón, *La batalla en torno a Góngora* [Barcelona, 1978], excelente antología de la contienda literaria acerca de las *Soledades* y el gongorismo.)

La «Carta de un amigo» fue escrita como respuesta a las «Advertencias». Su malicia es evidente, y Góngora responde igualmente picado y malicioso en su «Carta en respuesta»: por ejemplo, «pues no se han de dar las piedras preciosas a animales de cerda». Pero su contra-ataque contiene a la vez una serie de observaciones sobre su propósito y método en escribir las *Soledades,* insis-

167

tiendo que requieren una lectura capaz de «quitar su corteza». Es el único documento importante que conocemos en que Góngora habla en voz propia de su producción estética; de allí su valor como una suerte de *poética* menor de las *Soledades* y de la «nueva manera» gongorista.

Para los textos de estas dos cartas he consultado las versiones en Millé y Giménez, *Obras completas* de Góngora *(epistolario);* Orozco Díaz, *Lope y Góngora frente a frente* (Madrid, 1973), y Martínez Arancón, *La batalla en torno a Góngora,* que se diferencian en algunos pormenores. Orozco Díaz y Martínez Arancón reproducen también una larga y violenta respuesta de Lope a la carta de don Luis, magnífico documento para el estudio de la crítica literaria barroca. Con un sabor casi de Marx y Engels, por ejemplo, Lope se dirige contra la suposición de Góngora en su carta que el español haya llegado en las *Soledades* «a la perfección y alteza de la latina» con estas palabras:

> La extensión parece que tiene mayores fundamentos; porque como la que tuvo la latina procedió de la extensión de su imperio, en el cual era ella vulgar, extendiéndose gobernadores y ministros dél se extendió la necesidad de negociar en ella, a que ayudaron con mucha industria y acuerdo los Romanos, porque haciéndose semejantes en trajes, costumbres y lengua, sus vasallos les irían connaturalizando el dominio, que tanto se aborrece de extranjeros, procurando hacerle por arte tolerable, ya que era por naturaleza aborrecible; y desta misma extensión del imperio español procedió la de su lengua, sin debérselo a Vm., de que no puede dudarse; y así viene a estar en engaño en atribuirse la perfección que le debemos.

a) *Carta de un amigo de don Luis de Góngora que le escribió acerca de sus* Soledades.

Un cuaderno de versos desiguales y consonancias erráticas ha aparecido en esta corte con nombre de *Soledades* compuestas por V. m. Y Andrés Mendoza se ha señalado en esparcir copias de él. Y no sé si por pretendiente de escribir gracioso, o por otro secreto influjo, se intitula hijo de V. m., haciéndose tan señor de su correspondencia, y de la declaración y publicación desta poesía, que por esto y por ser ella de tal calidad, justamente están dudosos algunos amigos de V. m. de que sea suya; y yo, que por tantas obligaciones lo soy en extremo, se lo he querido preguntar, más por desarraigar este error, que entre ignorantes y émulos (que los tiene V. m.) va cundiendo, que por ser necesario a los sabios que conocen el estilo apacible en que V. m. suele escribir pensamientos superiores y donaires agudos, adelantándose en esto a los poemas heroicos más celebrados; causa bastante a que los bien intencionados se lastimen de que Mendoza y algunos cómplices suyos acumulen a V. m. semejantes *Soledades;* pues es cierto que si las quisiera escribir en nuestra lengua vulgar, igualan pocos a V. m.; si en la latina, se aventaja a muchos; y si en la griega, no se trabaja tanto para entenderla que en lo que V. m. ha estudiado no pudiera escribir seguro de censura y cierto de aplauso. Y como ni en éstas ni en las demás lenguas del Calepino están escritos los tales soliloquios, y se cree que V. m. no ha participado de la gracia de Pentecostés, muchos se han persuadido que le alcanzó algún ramalazo de la desdicha de Babel, aunque otros entienden ha inventado esta jerigonza para rematar el seso de Mendoza: pues si tuviera V. m. otro fin no le hiciera tan dueño destas *Soledades,* teniendo tantos amigos doctos y cuerdos de quien pudiera V. M. quedar advertido y ellas enmendadas o declaradas, ya que de todo ello hay tanta necesidad. Haga V. m. lo posible por recoger estos papeles, como lo van haciendo sus aficionados, tanto por remediar la opinión de V. m., como compadecidos del juicio de Mendoza. Y sobre todo encarga a V. m. la conciencia: pues pareciéndole que sirve a V. m. y que él adquiere famoso renombre, hace lo posible por persuadir que entiende lo que V. m., si lo escribió, fue para que se desvaneciese; y lo va estando tanto, que ha escrito y porfiado en ello muy copiosos corolarios de su canora y esforzada prosa, diciendo que él disculpa y explica a V. m. Mire en qué parará quien trae esto en la cabeza, y un ayuno cotidiano en el estómago. Y, si esto no, muévanle a V. m. dos cosas, que sus amigos habemos sentido mucho: una que este su comentador no le llame «el señor don Luis», pues por lo poeta no se juzga este título autorizado; la segunda, por corregir el vicio que se introduciría entre muchos, que procurarán imitar el lenguaje destos versos, entendiendo que V. m. habla de veras en ellos. Y caso (no lo permita Dios) que V. m., por mostrar su agudeza, quiera defender que merece alabanza por inventor de dificultar la construcción de el romance, no se deje caer V. m. en esta tentación, ya que tiene tantos ejemplos de mil ingenios altivos que se han despeñado por no reconocer su primer disparate: y pues las invenciones en tanto son buenas en cuanto tienen de útil, honroso y deleitable, lo que basta para quedar constituidas en razón del bien, dígame V. m. si hay algo de esto en esta su novedad para que yo convoque amigos que la publiquen y la defiendan, que no será pequeño servicio; pues las más importantes siempre en sus principios tienen necesidad de valedores. Dios Guarde a V. m. Madrid y setiembre, etc. **(1615).**

b) *Carta de don Luis de Góngora, en respuesta de la que le escribieron*

He tenido opinión que nadie hasta hoy me ha quedado a deber nada; y ansí me es fuerza el responder sin saber a quién; mas esta mi respuesta, como antes mis versos, hecho sin rebeldía. Andrés de Mendoza, a quien le toca parte, notificará ésta por estrados, en el patio de Palacio, puerta de Guadalajara, corrales de comedias, lonjas de bachillería, donde le deparará a V. m. el perjuicio que hubiere lugar de derecho. Y si fue conclusión de la filosofía que el atrevimiento era una acción inconsiderada, expuesta al peligro, tengo a V. m. por tan audaz, aunque desfavorecido de la fortuna en esta parte, que tendrá ánimo de llegar a las ruedas donde se notificare a oír su bien o su mal. Y agradezca que, por venir su carta con la capa de aviso y amistad, no corto la pluma en estilo satírico, que yo le escarmentaría semejantes osadías, y creo que en él fuera tan claro como le he parecido obscuro en el lírico.

Sin duda creyó V. m. haberse acabado el caudal de mis letras con esa *Soledad,* que suele ser la última partida de los que quiebran: pues crea que a letra vista se pagan en Parnaso, donde tengo razonable crédito; y no sé en qué fuerzas fiado me escribe una carta, más que ingeniosa, atrevida, pues queriendo cumular mil fragmentos de disparates (como de diferentes dueños, de donde infiero los tiene el papel), no supo organizarlos, pues están más faltos de artículos y conjunciones copulativas que carta de vizcaíno; de donde se ve tener buen resto de ignorancia, pues tanta se traslada de el corazón al papel, y hallo ser cierto: *Nemo dat plus quam habet.* Y si uno de los defectos que su carta de V. m. pone en mis *Soledades,* que no articulo ni construyo bien el romance, siendo su mismo lenguaje, hemos de dar una de dos: o que él es bueno, o que V. m. habló acaso; y aquí entra bien entendámonos a letras; y no he querido sea a coplas, porque pienso que con ir esto tan lacónico y rodado no lo ha de entender V.m. Dice, pues, en la suya me sirva de renunciar a este modo, porque no le imiten los mochachos, entendiendo hablo de veras. Caso que fuera error, me holgara de haber dado principio a algo; pues es mayor gloria empezar una acción que consumarla. Y si me pide reconozca mi primer disparate, para que no me despeñe, reconozca V. m. el que ha hecho en darme consejo sin pedírselo, pues está condenado por la cordura, y no se precipitará dándolo segunda vez, que entonces me será fuerza valerme de pluma más aguda y menos cuerda. Para quedar una acción constituida en bien, su carta de V. m. dice que ha de tener útil, honroso y deleitable. Pregunto yo: ¿han sido útiles al mundo las poesías y aun las profecías (que vates se llama el profeta como el poeta)? Sería error negarlo; pues, dejando mil ejemplares aparte, la primera utilidad es en ellas la educación de cualesquiera estudiantes de estos tiempos; y si la obscuridad y estilo entrincado de Ovidio (que en lo *de Ponto* y en lo *de Tristibus* fue tan claro como se ve, y tan obscuro en las *Transformaciones),* da causa a que, vacilando el entendimiento en fuerza de discurso, trabajándole (pues crece con cualquier acto de valor), alcance lo que así en la lectura superficial de sus versos no pudo entender, luego hase de confesar que tiene utilidad avivar el ingenio, y eso nació de la obscuridad del poeta. Eso mismo hallará V. m. en mis *Soledades,* si tiene capacidad para quitar la corteza y descubrir lo misterioso que encubren. De honroso, en dos maneras considero me ha sido honrosa esta poesía: si entendida para los doctos, causarme ha autoridad, siendo lance forzoso venerar que nuestra lengua a costa de mi trabajo haya llegado a la perfección y alteza de la latina, a quien no he quitado los artículos, como le parece a V. m. y esos señores, sino excusándolos donde no necesarios; y ansí gustaré me dijese en dónde faltan, o qué razón de ella no está corriente en lenguaje heroico (que ha de ser diferente de la prosa y digno de personas capaces de entendelle), que holgaré construírsela, aunque niego no poder ligar el romance a esas declinaciones, y no doy aquí la razón cómo: porque es para convencer, la pregunta que en esto V. m. me hiciere.

Demás que honra me ha causado hacerme escuro a los ignorantes, que esa es la distinción de los hombres doctos, hablar de manera que a ellos les parezca griego; pues no se han de dar las piedras preciosas a animales de cerda; y bien dije griego, locución exquisita que viene de *Poeses,* verbo de aquella lengua madre de las ciencias, como Andrés de Mendoza en el segundo punto de su corolario (que ansí le llama V. m.) trató, tan corta como agudamente. Deleitable tiene lo que en los dos puntos de arriba queda explicado, pues si deleitar el entendimiento es darle razones que le concluyan y se midan con su contento, descubriendo lo que está debajo de esos tropos, por fuerza el entendimiento ha de quedar convencido, y convencido, satisfecho; demás que, como el fin de el entendimiento es hacer presa en verdades, que por eso no le satisface nada, si no es la primera verdad, conforme a aquella sentencia de san Agustín: *Inquietum est cor nostrum, donec requiescat in te,* en tanto quedará más deleitado, cuanto, obligándole a la especulación por la obscuridad de la obra, fuera hallando debajo de las sombras de la obscuridad asimilaciones a su concepto.

Pienso queda medianamente respondido a lo que constituye una acción en razón de bien. Al ramalazo de la desdicha de Babel, aunque el símil es humilde, quiero descubrir un secreto no entendido de V. m. al escribirme. No los confundió Dios a ellos con darles lenguaje confuso, sino en el mismo suyo ellos se confundieron, tomando piedra por agua y agua por piedra; que esa fue la grandeza de la sabiduría dél que confundió aquel soberbio intento. Yo no envío confusas las *Soledades,* sino las malicias de las voluntades en su mismo lenguaje hallan confusión por parte del sujeto inficionado con ellas. A la gracia de Pentecostés querría obviar el responder, que no quiero a V. m. tan aficionado a las cosas del Testamento Viejo (sic); y a mí me corren muchas obligaciones de saber poco de él por naturaleza y por oficio; y ansí sólo digo que (si no le parece a V. m. lo contrario, y a esos discípulos ocultos, como Nicodemus) no van en más que una lengua las *Soledades,* aunque pudiera, quedando el brazo sano, hacer una miscelánea de griego, latín y toscano con mi lengua natural, y creo no fuera condenable: que el mundo está satisfecho, que los años de estudio que he gastado en varias lenguas han aprovechado algo a mi corto talento: y porque la alabanza propia siempre fue aborrecible, corto el hilo en esta parte.

Préciome muy de amigo de los míos, y ansí quisiera responder a V. m. por Andrés de Mendoza; porque, demás de haberme siempre confesado por padre (que ese nombre tienen los maestros en las divinas y humanas letras), le he conocido con agudo ingenio. Y porque creo dél se sabrá defender en cualesquiera conversaciones, teniéndole de aquí adelante en mayor estima, sólo digo a V. m. que ya mi edad más está para veras que para burlas: procuraré ser amigo de quien lo quiera ser mío; y quien no, Córdoba y tres mil ducados de renta, y mi patinejo, mis fuentes, mi breviario, mi barbero, y mi mula harán contrapeso a los émulos que tengo, granjeados más de entender yo sus obras y corregirlas que no de entender las mías ellos. Córdoba y septiembre, etc. **(1615).**